中国女性崛起

——职业女性的高管之路

〔德〕蓓飒笛 / 著

罗慧玲 / 译

青岛出版社

致谢

我从许多人那里得到的灵感和支持为我在中国的研究、我的第一本英语著作的完成以及我向下一个阶段进发的决定——发表本书的中文版,做出了至关重要的贡献。我有幸指导过许多不同国籍的女性高管,正是她们激励我完成了这本书的写作。我要特别感谢35位参加上海女性职业生涯研究室研究项目的杰出的中国女性高管,她们将个人时间托付给我,并信任我,始终与我保持着联系。谢谢她们的合作和支持,这本书是献给她们的。

上海励行企业管理咨询有限公司(Mindspan)首席执行官王戈(Gary Wang)慷慨地将我介绍给他的人际网络,并让我得以采访他的几位朋友。上海励行企业管理咨询有限公司在中国的教练市场处于领先地位,支持高级管理者们进一步建立他们的领导力优势。

曾为市场研究部门高管的甘德鲁·菲希特勒(Gundula Fichtler)以其机敏的思维和诚实的反馈支持我。阿奈特·施拉格(Anette Schrage)是一位现居加拿大的德国广告公司高管,伊恩·劳伦斯(Ian Lawrence)是一位澳大利亚管理顾问,他们就研究的内容和文字向我提供了反馈和支持。我的导师是勃艮第大学(University of Burgundy)的格雷戈里·韦格曼（Gregory Wegmann）教授和塞缪尔·默西尔（Samuel Mercier）教授，他们不断地给予我支持、反馈和灵感。

我要特别感谢圣戈班集团高级副总裁、亚太区总裁孟昊文（Javier Gimeno），他向我提供了本书中文译制工作的赞助。我还要感谢担任圣戈班管道业务亚太区人力资源总监、中国区副总裁，负责人力资源、公共关系、沟通传播工作的沈悦（Shelley Shen）女士，作为上海女性职业生涯研究室的研究参与者代表，她担任了我在法国进行论文答辩期间的正式评审委员，对我的论文进行评审。

最后同样重要的是，我要感谢我的家人：我的丈夫，我的父母和我的妹妹，他们总是在我身边；还有我的孩子们，13岁的劳拉（Lara）和10岁的吕克（Luc），他们对我工作的每一步都表现出极大的兴趣，让我感到非常自豪。

序言

某一天，正当我在上海上教练资格认证课程时，我思考了多年的一个想法突然具象化起来，随后我便开始研究在高级管理层取得突出成就的女性的职业生涯。中国有大量这样的女性，我研究的重点便是为何有那么多中国女性能够进入跨国公司（如没有特别指明，本书中的跨国公司主要指在中国设分公司、总部位于发达资本主义国家的公司）的高级管理层。

如何让更多的女性担任政界和商界的高级职位，这个问题总是定期出现在我的祖国德国和其他西方国家的媒体上，但很快相关的社会影响又会销声匿迹。社会上也有很多所谓指导女性获得事业成功的最佳方法。本着同样的精神，许多公司和政府都致力于帮助更多的女性进入高级管理层。在一些西方国家，社会上有许多举措旨在提高管理岗位上的女性比例，例如一些专门支持女性的多元化项目。多年来，欧洲一直在尝试一个备受争议的方案，即对高层管理职位采用性别配额制。受益于这些公司和政府的政策，全球高级管理岗位上的女性比例在逐年稳步上升。然而，这其中存在相当大的地域差异，包括德国和日本在内的一些世界主要经济体的女性高管比例仍然很低。让更多女性加入高级管理队伍的进展缓慢而漫长，人们通常认为其原因是历史上女性担任管理者的时间相对较短。

我在中国工作了5年，作为一名高管教练和培训师，我印象最深刻的是中国女性在跨国公司中担任高级管理职务时的自信和从容。从各种信息来看，中国女性在高级管理岗位上的比例几乎高于世界上任何一个国家，包括我的祖国德国、我丈夫的祖国法国，还有美国、日本等。这激起了我强烈的好奇心：中国女性与其他国家中富有才能的女性有什么不同？中国是否有属于自己的女性高管"成功方程式"？这些中国女性的案例是否可以作为研究样本，来展示女性在国际化企业的管理层取得成就所必须具备的内在和外在因素？是否真的有对应的策略让这些中国女性更成功？这些疑问越来越强烈，我决定开始研究中国女性高管的职业生涯。多亏了我在担任高管教练过程中建立起来的人际网络，我取得了一些成果，而这些成果，对于许多中国海内外的研究学者来说都是一个难以逾越的挑战，因为研究者首先要与许多中国女性高管建立联系，其次，这些女性愿意参与进来，支持研究。我受到了来自世界各地的男性、女性的大力支持，而其中最重要的是来自中国女性的支持。正是她们的支持，使这本书得以问世。上海女性职业生涯研究室也由此诞生。这是一个独特的、历时多年的研究项目，有35名中国女性高管参与其中。她们在26家跨国公司担任管理职务，涉及各行各业，这些公司的总部分别设在德国、法国和美国。这些中国的女性高管们愿意就我的研究项目与我进行深入的、充满探索性的、高质量的访谈，这对于一个外国研究者来说是一个难得的机会，我很感谢这些中国女性对我项目的支持以及她们在整个过程中对学习所保有的好奇心，非常感激她们对我的信任。

我以前在一些西方跨国公司中担任过管理职务，这让我得以在许多女性追求事业的过程中观察并支持她们。有些人比其他人晋升得更快，很多人在孩子出生后便离开了公司，而另一些人则被"困"在中层管理层中。后来，我辅导了许多来自不同国家的女性，并与她们合作，深入探讨女性高管所面临的一些问题，而我从没和我的男性客户讨论过这些。这些女性经常会提出一些类似的问题，但由于国籍、环境和文化背景的差异，这些问题也存在着差异。这些讨论给我的一个印象是，中国女性与我以前合作过的其他国家的女性不太一样。德国和日本女性提出的问题往往集中于以下几个方面：社会对女性高管的态度、平衡工作和家庭时产生的挑战、处理与男同事的关系。而中国女性很少提及这些问题，相比之下，她们更关心在国际背景下的管理风格和职业规划问题。我个人对女性进行的观察来自这些年来与女性高管（尤其是中国女性）共事的过程，这为我写这本书提供了素材。

我最初是想探究，哪些因素使中国女性在跨国公司里晋升到高级管理层。我很快意识到，我不想把我研究中的女性与男性进行比较，我更想了解她们在特定环境中独特的职业生涯和经历。我决定以中立的眼光看待问题，而不拘泥于性别成见。然而，我在德国的生活经历给了我阻碍，因为德国在女性高管比例的问题上并没有比中国做得好。"性别并不是问题"，当我无法以中立的立场，而是自己先入为主采用德国人的方式进行采访时，中国女性高管们是这样回答我的。每当回忆起来，我仍然觉得这件事非常有趣。我希望中国读者能以我作为一名外国人的视角，来看待这些中国女性的职业生涯，并能够从我在这本书中提供的西方职场知识中获益。

本书从一个幅员辽阔的国家中获得灵感，这个国家同时存在着多元文化（如母系文化摩梭文化）和对儒家价值观的传统诠释，并努力实现共产主义世界观下的人人平等。这些女性的职业道路汇聚在了上海——一个国际大都市，中国的经济中心。

我从中国女性身上学到了很多东西，想和中国乃至全世界的女性，以及愿意支持女性事业的男性，分享这些知识。我的采访对象都成功地做到了许多女性在为之努力的事——成为跨国企业的高级管理人员。她们对自己个人以及职业生涯的讲述是本书的主要内容。通过分析她们的职业生涯道路，我发现了这35位女性的共同之处。在这本书中，我将向感兴趣的读者展示我的这些发现，并鼓励读者进行讨论和重新思考。女性在面对自己职业生涯中的挑战以及做与工作有关的决策时，也可以参考本书。以下问题都可以在本书中找到答案：要在跨国公司中获得成功，到底需要什么？如何在满足高层管理工作需要的同时，合理安排自己的私人生活？公司和政策专家则可以从中国女性高管的反馈中得到灵感，并将其融入支持女性职业发展的战略中。除了介绍背景资料和来自中国的研究发现，本书还提供了一个职业生涯模型以及不同的职业生涯模式，读者可以使用它们来策略性地解决自身面临的问题。

本书最终得出的结论是：强烈的持续学习的欲望和获得成功的强大内驱力贯穿了这些女性的职业生涯。我所了解到的关于中国成功女性高管的一切，归功于所有人的精诚合作。

目录

致谢 / 1

序言 / 01

女性崛起之道 / 001

上海女性职业生涯研究室 / 007

环境是如何对女性职业生涯产生影响的 / 017

中国女性成功迈入高级管理层的内在因素 / 085

中国女性的职业生涯道路与模式分析 / 141

高管五大模式——中国女性高管的职业生涯分类 / 179

中国女性如何获得高级管理职位——学习与影响 / 193

结论——中国女性高管是全世界的榜样 / 209

女性崛起之道

42岁的J是上海一家跨国公司的总经理,她和我们分享了她晋升到高级管理层的经验:

我认为,中国女性的解放是相当彻底的,尤其是在上海、北京、广州等大城市的女性,她们都很有进取心,受过良好的教育,认为自己可以得到想要的东西,也不会觉得自己和男性有什么不同。在她们眼里,性别并不那么重要。

我是上海人。在上海,男女非常平等,甚至在某些情况下,上海女性会比男性获得更多、更好的机会。我认为至少在中国东部地区的大城市都是这样的。大家可能觉得我们很坚强,很自信。确实,我们受过良好的教育,并且非常努力。我们在工作中取得成功,有时雄心勃勃,踌躇满志。在公司里,我想出人头地,想成为自己的主宰,因为我和许多精英一起工作。而且,我一直都是一个有计划的人,年轻时已经为自己规划了特定的发展方向,对未来几年想做的事情有着强烈的意愿,并为之尽最大的努力。

我认为,在跨国公司进入中国之初,很多第一批进入中国的先锋都是男性，他们在中国寻找帮手，需要有人来帮他们完成工作。他们更青睐女性，因为女性的语言能力、领导能力以及对外国文化的适应能力都比较强，而且了解中国本地市场，合作起来比较舒服。我们是职业女性，我们能够不断发展自己的事业，不断学习新事物。

我工作的最大动力是我可以充分利用我的能力和潜力来做出一些贡献，为团队的成功做贡献，为公司和社会做贡献。

J在结婚前曾在5家不同的公司工作过，是本书接受采访的35位女性之一。她提到的许多方面，笔者都会在接下来的内容中进行深入分析。我们将会听到更多女性的故事和经历，这些都来自上海女性职业生涯研究室。首先，J告诉了我们很多关于中国成功女性的能力和特征的信息。在这本书中，我们不会讨论是否所有女性都应该渴望最高管理层岗位，这是一个完全私人的决定。而对于那些渴望高层管理岗位的女性来说，上海女性职业生涯研究室在"女性如何晋升至高级管理层"这一问题上提供了一些宝贵经验。

与西方出版物中经常传达的信息相反，中国在高级管理岗位上的女性比例几乎高于世界上任何一个国家，远远超过许多西方国家，并且还是在没有采用性别配额政策的情况下。根据2014年公布的数据，中国有38%的高级管理职务由女性担任，远高于美国（20%）和德国（16%），全球平均水平为24%。尽管其他资料显示的数据略有不同（数据收集方法和定义不同），但总体情况仍然是一样的：在中国，担任高级管理职务的女性多于西方国家。这非常令人惊讶，因为大多数出版物都描绘了中国女性在高级管理工作中的负面形象。不管怎样，数据摆在那里，而这引发了这样一些问题：中国女性是否遵循特定的职业发展策略并获得成功？她们所处的中国的大环境是否对女性高管更有利？中国女性高管及其职业生涯能否成为全世界的榜样？本书的重点便是尽可能全面地向读者解释中国成功女性高管的职业经历。

我们在这里讨论的核心问题是：女性需要具备哪些技能、行为和人格特质，才能获得高级管理层的职位。

为了回答这个问题，笔者对上海女性职业生涯研究室的女性——35名极有魅力且已经成功跻身高级管理层的中国女性——的职业发展道路进行了研究。这些女性给出了许多案例，并提供了独特的视角，使这个问题逐渐清晰。接下来的问题是：怎样才能让世界各国更多的女性进入高级管理层呢？这个问题是复杂的、多因素的，主要与四个方面有关：社会环境、经济体制、家庭状况和女性本身。社会环境包括人们对女性担任高级管理职位的反应，以及社会的影响是有助于还是阻碍女性晋升到高级管理职位。经济体制和家庭状况则决定了女性的主要活动领域，并对女性在高级管理岗位中所占的比例产生直接和间接的影响。但归根结底，女性必须要能适应高级管理岗位带来的挑战，满足胜任这些岗位所需的要求并承担这些岗位赋予的责任。本书旨在更好地了解中国女性在高级管理岗位上的情况，从而为那些追求事业的女性以及那些希望在组织中支持女性的首席执行官和人力资源总监们提供新的思路，甚至推进中国和其他国家在女性问题上的战略发展，以便在未来使更多的女性获得高级管理职位。当然，本书在研究这些问题的过程中，通过模型，从侧面解释了为何中国高级管理岗位上女性所占比例如此之高。

如果粗略查看一些有关职业生涯的文献，人们会惊讶地发现，即使在今天，大多数研究主要关注的仍然是男性的职业生涯以及传统的层级制的职业发展道路，只有很少的研究着眼于探讨女性在管理岗位上的职业生涯。许多研究仍然将男性的职业生涯作为衡量女性职业生涯的基准，将女性职业生涯与男性职业生涯进行比较。这些研究表明，女性需要采用与男性相同的方式，才能在传统的情况下进入公司的高级管理层，取得事业上的成功。这些研究比较了男女的事业心和工作动机，以及作为领导者的形象等，但都不成系统。

上海女性职业生涯研究室的女性在接受采访时都在上海工作，但她们的职业发展道路涉及中国其他主要商业城市，如北京、广州、深圳、武汉、南京等。笔者决定只让跨国公司中的女性高管参与本次研究，是为了能够专注于更全球化的职业发展领域，并取得相应的研究成果。不过，对其他类型公司，诸如国有企业和中国民营企业的深入研究，仍然来自这些女性的工作经验，书中将会予以介绍。

本书的总体目标是探索和分析影响女性职业生涯的关键因素，展示女性的职业生涯模式并将其分类。当然，上海女性职业生涯研究室的研究项目并不是为了对中国职业女性的状况做出简单的总结归纳，而是为了更深入地了解一群非常优秀的、在高级管理层中已经实现事业成功的中国女性的经验和观点。本书还重点探讨了这些中国女性高管实际采用的职业生涯发展策略，将她们的经验与其他女性和商业专家分享。

不同读者通过上海女性职业生涯研究室的研究结果能够获得什么呢？

首先，本书旨在为女性提供灵感和指导，使她们能够更明智地规划自己的职业生涯，目标读者是中国女性。她们可以从本书的女性身上获益，借由这些成功女性的经历来反思自己，对自己职业生涯中面临的问题产生不同看法。毕竟受访女性大多是在中国改革开放前开始职业生涯的，如今已经是业界精英，提供的经验足够有说服力。

本书针对的第二个主要群体是企业领导者和人力资源部门高管，帮助更多女性担任高级管理职务，将使他们的公司在中长期拥有竞争优势。对于各种类型的公司来说都是如此。为了长期实施成功的运营战略，公司需要最优秀、最有能力的高层管理人员，也就是最合适的高层管理人员，不论男女。而在国际竞争日益激烈和中国经济增长可能放缓的大背景下，选择合适的管理者比以往更加重要。因此，为有能力的女性提供晋升机会是中国乃至全球所有公司的首要任务，也是大势所趋。在中国设有办事处的跨国公司面临着一个特别的挑战，那就是中国大学毕业生越来越青睐中国雇主，而人力资源部门更要认真思考如何为公司吸引更多潜力有待挖掘的女性，并成功留住她们。跨国公司不仅直接与中国民营企业竞争，还要与国有企业竞争。关于如何应对这个挑战，研究者阿尔泰奥指出，"尽管在中国，女性的工作变得越来越重要，但现有研究很少涉及中国女性管理者"，因而企业需要花更多精力研究这个问题，对女性在高级管理岗位上的情况有更深入的了解。

最后同样重要的是，任何想要通过改善女性生存现状来给社会和政治带来正面变革的人都会发现，本书是思想和讨论的"催化剂"。尽管对于社会和政治的讨论并不是本书的核心内容，它们只是在受访者的反馈中有所涉及，但这些内容仍提供了大量素材。比如，中国女性的家庭为她们的事业提供了足够的支持，帮她们解决育儿负担，使她们可以专心投入工作。而在笔者的祖国，在高级管理层工作的女性依旧罕见，更多的女性仍然在做兼职，或是成为家庭主妇，因为家庭对她们的要求更高。西方对中国社会和经济的持续影响会不会改变中国职业女性未来的发展状况，目前还未可知。不过，值得注意的是，2014年，上海女性职业生涯研究室开始关于女性在家庭生活中的角色这一问题的研究的时候，社会上诸如母亲是否应该更多关注子女教育等话题的讨论才刚刚开始，而如今，这类话题大有发酵的趋势。随着社会的变化，在中国追求高级管理层职位的女性的发展环境在未来可能会有所不同。

纵观全球，女性走上高级管理岗位的方法并不唯一。中国似乎在某些方面取得了领先，而中国能否将自己在女性职业生涯发展方面的现有成就带给未来的全世界？我们拭目以待。

上海女性职业生涯研究室

中国大环境下的女性职业生涯

在更详细地介绍上海女性职业生涯研究室之前，笔者将首先介绍中国女性管理者的职业生涯相关知识。

本书的中心话题是女性管理者的职业生涯。关于职业生涯这个概念，我们可以看到很多不同的解释。1996年，亚瑟等人提出，职业生涯是"随着时间的推移，一个人的工作经历的演变过程"，至今，这可能仍是最常被引用的西方人对职业生涯的定义。

在现代管理学研究中，从不同角度来看，职业生涯的定义也多有不同。通常，职业生涯与职级上的升迁有关，在这种情况下，"职业发展"和"获得成功"往往是同义词。职业生涯也用于描述一个人所经历的职业阶段和角色，以及所有与职业相联系的行为与活动，甚至相关的态度、价值观、愿望等。

本书中的职业生涯特指两方面——女性在工作过程中建立起来的职业发展体系，以及她们对自己的职业发展所持有的内在感觉、态度和信念。

西方研究普遍认为，从性别的角度来看，男性和女性的职业生涯是不同的，男性在职业发展上表现出了更多优势。中国的读者可能会感到意外，因为很多人都认为，西方国家在女性职业发展方面做得更好。然而，根据西方传统观点，男性在完成学业或培训后，往往会有相对稳定的职业发展道路，而女性的职业生涯却被描述为短暂的、临时的，只是女性在婚前和成为母亲前暂时所处的状态。一些西方研究人员将家庭主妇定义为女性的一种职业选择，而另一些人则认为，家庭主妇阶段不应被视为职业生涯的一部分，因为这份"工作"是无偿的。一些研究人员甚至认为，男性和女性对职业生涯持有不同的看法。女性认为自我实现和成长是她们职业生涯的核心部分，而男性则更倾向于将职业生涯视为一种持续工作的状态。研究还发现，女性的职业发展更为复杂，因为她们的工作和家庭生活被割裂开来。

关于中国女性管理者职业生涯的研究成果

希尔德布兰特等人在1988年改革开放初期对150名中国女性管理者进行的一项研究中，将中国女性管理者的职业生涯与美国和其他亚洲国家的女性进行了比较，结果如下："中国女性管理者的工作流动性很低，每周尽可能长时间地工作。政治觉悟高的女性，往往能最快晋升到顶级管理层。"这引发了这样一个问题：希尔德布兰特等人在1988年描绘的中国女性管理者的形象是否真实存在？30多年后是否依然如此？中国经济的深度转型对女性职业生涯产生了何种影响？看看之前发表的各种研究，你就能找到这些问题的答案。

西方对于影响中国管理者职业发展的因素知之甚少，尤其是对中国女性高级管理者的职业生涯的研究非常少，这可能是因为语言沟通有障碍、无法深入接触等。有些研究试着从社会学和心理学的角度来探讨这个话题，但还是只有极少数提到了中国女性职业生涯发展的决定性因素。

一项较为全面、被广泛引用的研究是1993年可拉比克所著的《中华人民共和国女性管理者》，其重点是探讨中国改革开放对女性管理者的影响。可拉比克总结说，中国的许多社会和经济变化促进了中国女性高管的晋升。但她认为，1993年时，在职场和家庭中实现男女平等仍然存在许多阻碍。

一些对中国女性职业生涯的研究主要集中在会计、咨询、信息技术和酒店行业。还有一些研究是在国有企业和女性企业家身上进行的。

回顾现有文献，可以说，关于女性职业生涯这一复杂话题的研究结果多种多样，有些甚至是相互矛盾的。总结起来，主要有以下几种观点：社会榜样、文化价值观和人际网络由男性主导等因素，使中国女性在管理领域追求职业生涯发展变得更加困难；较高的职位和权力通常为男性所拥有；与世界上其他女性管理者一样，中国女性管理者也不得不面对工作和生活的冲突；某些人格特质和与上级的信任关系有利于职业发展；在不同的背景下，同样的因素可能对女性职业生涯产生不一样的影响；比起对男性的影响，某些因素对女性的职业生涯影响更大。

本文的女性职业生涯模型总结了影响女性职业生涯发展的各种因素。上海女性职业生涯研究室专门研究在中国快速变化的背景下，女性自身是如何看待职业生涯发展的决定性因素和她们自己的职业生涯的。

女性职业生涯模型

本书将职业生涯发展的决定性因素组织成了一个模型，以便读者可以跟随笔者的视角解读这个复杂话题，其中包括了一些最重要的职业生涯影响因素。该模型对于分析上海女性职业生涯研究室的女性的反馈起到了指导作用，为读者构建了一张"路线图"，直观展示了本书各部分所涉及的主要内容。这个模型并不完整，其他研究者选择的一些重要的决定性因素，比如组织对女性职业生涯的影响，在这里并没有被考虑在内，或者说受访女性很少提到。这意味着，本文接下来对中国女性职业生涯影响因素的探讨是基于该模型进行的。

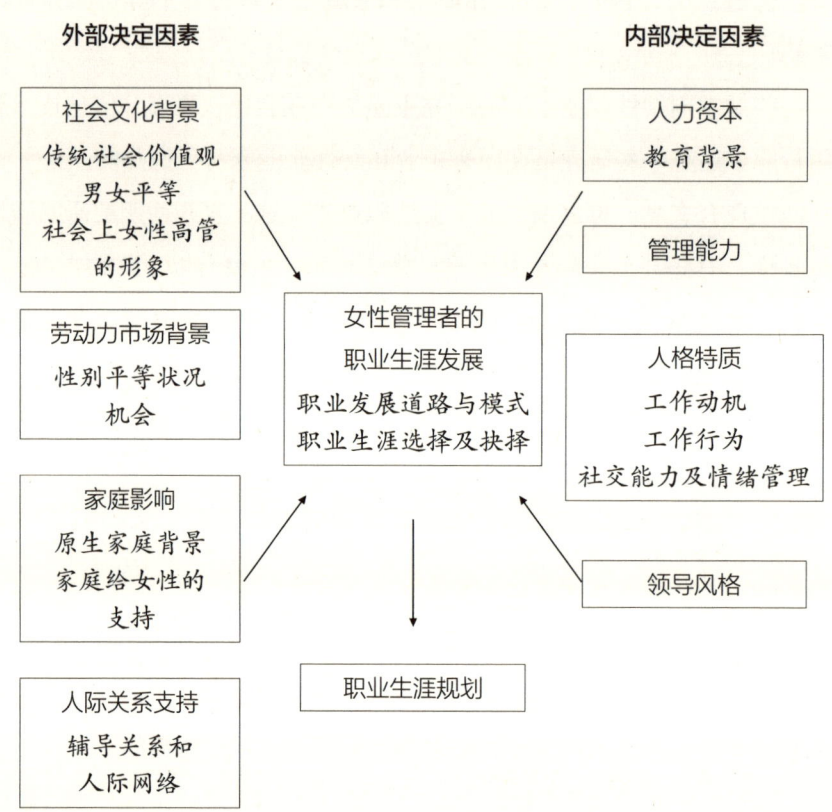

女性职业生涯模型主要从外因和内因两个方面来探讨影响女性职业生涯发展的因素，这些因素导致不同的职业发展道路和规划。为了便于读者理解，本书接下来会将每个因素相互独立地进行研究。

外因是指来自外界的影响因素，主要包括中国社会的文化传统、劳动力市场背景、家庭状况和人际关系支持。人际关系支持是指他人提供的支持，如来自导师和上级的支持。

内因主要指与职业生涯联系紧密的个人背景和人格特质，包括教育背景、特殊技能、与职业生涯相关的性格和特定的领导风格等。

外因和内因对中国女性管理者的职业生涯路径和模式的影响或大或小。职业生涯路径描述了一个人在职业发展过程中所有的工作经历和他们所做出的选择，与个人对事业成功的评估相关联，而事业成功与否可以通过各种因素来判断，比如个人的满意程度和在组织中所取得的地位。

中国的大背景对于该模型中的每一个独立因素来说都是先决条件。此外，与女性职业生涯有关的研究也为该模型提供了参考，这些研究通常并不限于某一特定国家，但中国可以从中借鉴。

基于该模型，笔者还发展出了一套自评测试——蓓飒笛女性职业测评（Al-Sadik FemCareer Assessment，2019），它可以帮助女性利用模型中提到的影响职业生涯的因素来对自己最近的处境做出评价，并与那些女性高管的职业生涯模型相比较，从而目标更明确地进行个人发展。

上海女性职业生涯研究室参与人员

上海女性职业生涯研究室是2014年至2017年在中国开展的一个独一无二的研究项目，共有35名担任跨国公司高管职务的女性参与。该研究结果为法国勃艮第大学的一篇博士论文（蓓飒笛，2017）奠定了基础。

参与本次研究的35名女性，大多数年龄为36岁到45岁（72%）。大约14%的人年龄为46岁到50岁。年龄最大的参与者63岁，尽管中国女性的平均退休年龄为55岁，但她仍然精力充沛。只有3名女性的年龄在36岁以下，其中最年轻的参与者32岁。可以说，上海女性职业生涯研究室的女性小组覆盖的年龄范围比较广。

35名参与者来自26家总部位于美国（13家）、德国（7家）及法国（6家）的公司。研究的目的是尽可能多地接触来自不同行业的受访者，因此本次研究总共涉及12个行业，这意味着研究参与者的行业跨度非常大，涉及的行业从钢铁到汽车和制药，从食品、饮料、旅游到时尚和奢侈品，有些女性甚至在不同的行业工作过。同时，这些女性也来自各种各样的部门。

研究室的女性是根据事先确定的"女性高级管理人员"的定义进行选拔的，这意味着本文的抽样是有理论依据的，抽样对象与研究目标契合。现有研究对"高级管理层"的范围有不同的解释，这些解释对应不同的层次等级。一些对女性在管理方面的研究集中在公司的最高职位上，因为世界范围内，这些岗位上的女性比例最低。一些研究则缺乏对高级管理人员的确切定义。此外，从全球化角度还是本土化角度来看跨国公司的管理模式，也会导致对最高或是高级管理层的不同解释。在本书中，"高级管理人员"被定义为有高级决策权力、对员工和（或）预算高度负责的管理者，并且在公司内部等级中处于高级别。筛选研究对象时，本研究应用了以下标准。

第一，受访者在受访期间在跨国公司工作。在接受采访时，除了一名女性只在跨国公司位于上海的办事处工作过以外，其他人都在中国各地甚至海外工作过。第二，受访者的职级要符合条件。本书定义的高级管理层包括了从总经理、总裁到高级总监在内的各种公司职位层级。按照专业的人力资源标准分类，这些岗位属于第一级和第二级，在少数情况下，有些也符合第三级岗位的基本定义。第一级岗位指的是公司最高层级，即总裁、总经理、首席执行官或同等职位。第二级岗位一般指公司管理团队成员，包括首席级别的管理人员，如首席运营官（COO）、首席财务官（CFO）等。第三级岗位则包括了决策权较高的部门主管，如公司主要业务单位的人力资源总监或是管理员工超过1000人的区域总监。综上所述，以下职位符合本研究中高级管理人员的选择标准：总裁、总经理、副总经理、首席财务官、首席运营官、副总裁、高级总监、总监。受访者中，负责整个国家、地区的人力资源总监数量较多，构成了最大的岗位群体。这反映了中国大多数人力资源总监一职都由女性担任的事实。以2013年为例，61%的中国人力资源总监是女性（索恩·思顿）。格兰特还估计，

81%的中国首席财务官是女性。这一点在上海女性职业生涯研究室小组中并没有得到体现，该小组中只有3名首席财务官。研究小组中有6名女性担任总经理、总裁或副总裁职务，3名在各自部门负责亚洲事务。受访者既包括只负责中国业务的女性，也包括负责整个亚洲事务的女性。

汇报关系是筛选研究对象的第三个标准。设立这个标准的目的是确定受访者的职位对应了公司哪个层级（因为每个公司都有不同的分级结构），以及她们的职位与公司负责人的职位有多接近。受访者要么是组织的负责人，要么是管理组织的负责人之一，要么是直接向组织的负责人汇报的人，或者，对于负责整个亚洲地区的管理者来说，如果她直接向公司总部汇报，也符合标准。第四个标准包括决策权的范围、对公司战略的影响程度、个人职责等。这一标准主要用于评估如果该研究对象不是公司领导层或管理团队的一员，她的总监头衔是否实至名归，足以被纳入研究小组。

除了3名受访者以外，其他受访者都有员工直接向她们汇报工作。这3名没有直接下属的女性是公司战略角色，她们是顶层领导团队的成员，在职业生涯中曾有多次管理直接下属的经验。在回答有关汇报关系的问题时，17名女性说，她们目前直接负责4~8名工作人员，9名女性称她们直接负责9~14名工作人员。这与一家大公司的高管通常管理的直接下属的预期数量相符。当被问及负责的员工总数时（即不仅包含直接下属，还包括更低级别的员工），受访者给出了各种各样的数字，其中最大的是8000（还有些不确定具体人数的）。在职业生涯中，这些女性负责的员工数量时有变化，有时甚至超过她们目前所负责的员工数，比如在销售或培训岗位上工作时，要对大量员工负责。

通过精确的筛选，最终，符合上述高级管理人员标准的上海女性职业生涯研究室研究小组正式成立。

上海女性职业生涯研究室人员招募

上海女性职业生涯研究室的大部分参与者都是笔者通过任高管教练和管理培训师时所建立的专业联系招募的。按照滚雪球原理，参与者依次推荐其他女性。还有一些参与者则是作者通过上海德国商会的一位董事联系的。该商会拥有中国最大的高管培训机构——上海励行企业管理咨询有限公司（Mindspan）和其他专业人际网络。人员招募的成功有一个非常重要的因素，即笔者受到了她在中国做培训师时遇到的女性的信任，这意味着她们愿意推荐人选。另一个相关因素是，在上海跨国公司工作、具有良好人际关系的人向笔者提供了高质量的人选。这些因素使建立联系和发展信任关系的过程变得更轻松。另一个关键因素是中国女性的团结，这使得采访大量研究目标的计划成为可能。笔者是一名高管教练，同时也是一名博士生，在招募过程和采访开始的关键阶段更容易与受访对象建立信任关系。性格投缘也起到了一定作用。事实上，一位有企业背景的女性领导了这项研究项目，并设计了采访安排，这也使得与受访者们建立信任关系变得更加简单。

上海女性职业生涯研究室的采访及分析

笔者采访的特点是开放、灵活、私密，通常在受访女性公司的某间办公室中进行。2014年10月至12月，所有采访都在上海进行。每个人的采访时长为两个半小时，没有第三方出席。采访需要严格保密，如果出现第三方，研究结果将会大受影响。这些采访大部分是用英语进行的，只有5次是应受访者的要求用德语进行的。这些女性都熟练掌握她们选择的语言（非常好或流利），足以满足采访要求。笔者决定不以中文进行访问，因为这样做需要一名口译员，可能会影响采访过程中信任关系的建立。采访围绕着一张主题列表（采访以提问为主要形式）展开，以女性职业生涯模型为基础，将其作为"临时解释模型"，其中包含了与动机和行为相关的决定性因素以及互动的假设和猜测，这些假设和猜测都来自文献、之前的采访经历和笔者的个人经历。因此，这些采访是以一种结构化、系统化的方式进行的，同时也最大程度保留了灵活性，以便为事先没有考虑到的其他问题留有余地。下图是主要采访流程。

采访流程

背景信息：研究目的、保密性、协议

1. 统计：年龄、婚姻状况、育儿状况、最高学历、语言、海外经历
2. 家庭背景：童年经历、父母职业
3. 职业生涯发展：描述从工作之初至今的主要职业生涯阶段（工作过的公司数量、职位，计划好的以及意料之外的经历）
4. 影响职业生涯发展的内因
- 获得高级管理职位的动机（奖励、岗位职责、对成功的定义、工作与生活的平衡、职业生涯中的下行阶段）
- 主要优势和能力（领导风格、竞争处理、愿景与创新、自信）
- 职业生涯中经历过的冲突
5. 影响职业生涯发展的外因
- 家庭影响（成长过程、家人的支持、母亲的身份对职业生涯的影响）
- 接受指导以及建立人际关系的经历
- 公司性质：跨国企业（为什么？其他选项，文化差异产生的影响）
- 历史/文化以及与性别相关的社会影响（对现有研究的看法 ①儒家思想对女性职业生涯的影响、性别平等问题 ②"玻璃天花板"问题）
6. 对于个人职业发展的期望（中国未来的经济发展状况及其对女性职业生涯的影响）
7. 总结陈述：请将后面语句补充完整："未来，中国女性高管将会……"

笔者对受访者进行了单独采访，主要关注她们的经历，以及她们对这些经历的看法和解释，这样可以更深入地了解一些意料之外的信息，并在

采访过程中随时询问关键问题。该采访流程可被更改和修订。

采访中使用的提问技巧非常重要，这得益于笔者多年的高管培训师从业经验以及长期的练习。笔者不是中国人，不会说中文，只在中国生活和工作了5年，显然，这在一定程度上限制了采访。但是另一方面，笔者作为一个外国人的视角也给采访带来了一些好处。

采访后的分析和解释都是由笔者一人进行的，没有其他人参与。在方法上，实证研究采取了定性的、探索性的方法，其基础是本书开头提出的参考模型的概念框架。研究方案的设计采用了多案例研究的形式，把访谈作为数据采集手段，并基于定性角度对内容进行分析。

上海女性职业生涯研究室的研究目的是更深入地了解女性高管的经验和观点，定性研究是一个很好的选择。鉴于主要目标是了解中国女性高管的职业生涯决定性因素，以及这些决定性因素与女性职业发展之间的联系，显然，从整体上来分析这些决定性因素具有明显的优势。任何定性研究的焦点都是理解、解释、探索、发现和阐明一个群体的环境、感觉、看法、态度、价值观、信仰和经历。

在本次定性研究中，受访女性的总数（35人）很大，对于她们的研究结果是不能够一概而论的。因此，根据本文提出的抽样理论，似乎可以将这些结果与有关中国女性高管职业生涯的一些更广泛的问题联系起来。此外，这种系统化的分析能够对当前与女性有关的各种讨论做出有意义的贡献，推动理论和实践的发展。

环境是如何对女性职业生涯产生影响的

这一部分探讨了影响女性职业生涯的外部因素。首先，笔者会对每个主题进行概括性介绍，随后会展示与这一问题相关的上海女性职业生涯研究室研究结果。从现有文献中，我们已经可以了解到一些具有中国特色的职业生涯决定性因素。然而，中国现阶段对于另一些决定性因素的研究非常有限，或者根本就没有研究。在这种情况下，研究受到了限制，笔者只能从西方的现有研究中借鉴一些宽泛的研究成果。本次研究得到了受访者们的大力支持，是她们在接受采访时的毫无保留才让本书得到了这些研究成果，为保护隐私，本书受访者皆隐去名字。

中国女性所处的文化和社会背景——儒家价值观及其对中国女性职业生涯的影响

现阶段，有关中国女性现状的研究主要集中于两方面：对于中国女性的一般性研究，以及对于管理层中的中国女性职业生涯的研究。无论是哪方面的研究，都有一个无法回避的问题，即中国的历史和文化对于中国社会环境的影响。大量关于中国文化以及中国女性现状的出版物都围绕着一个重要主题——儒家学说展开。研究中国女性管理者的出版物，一般从性别和女权角度来解读儒家学说。实际上，在关于职业和管理的研究中，我们能够看到更多有关传统价值观带给当今管理实践影响的讨论。在接下来的内容中，笔者将重点阐述对儒家思想的理解。

围绕儒家学说及其对于中国女性地位的影响而展开的讨论不绝于耳，众说纷纭。这个话题本身就相当复杂。几千年来，正是由于儒家的价值观和传统，男权社会才得以在中国长期持续。然而，中国的传统文化实际上融合了四个思想体系：道家教义、佛教哲学、法家传统以及儒家价值观。

儒家学说起源于孔子（前551—前479），随后又由不同的学派和弟子进行诠释和发展。这一学说的核心是一种社会关系模式，它定义了中国家庭的价值观和礼仪制度，并意欲从家庭层面向整个社会进行传播。

男尊女卑的说法，与长者为尊、君王为贵的思想如出一辙。正是这三种尊卑关系，使得男权社会在中国得以延续千年之久。中国汉代的儒学大家董仲舒提出，宇宙万物都遵循了这样的阴阳两极原则——阳尊而阴卑，"丈夫虽贱皆为阳，妇人虽贵皆为阴"。总体来说，人们将这样的等级制度理解为丈夫在家中的地位总是高于妻子。

类似于这种对儒家思想的负面诠释导致中国女性受到压迫。缠足在20世纪初被下令禁止，然而在此后的很长一段时间里，仍有人继续这样做。诸如此类的例子还有很多。不过，大多数当代儒家学者都支持女性获得与男性平等的权利，这表明，在历史的进程中，对儒家学说的诠释随着社会的发展而不断改变。

许多西方人对于儒家思想的解读都是完全基于教义衍生出来的刻板印象，并把普遍被压迫的中国女性描述成被剥夺权利的受害者。在有关中国女性现状的研究中，儒家价值观对女性职业生涯的影响通常不是研究的焦点，只是为了帮助理解偶有涉及。几乎所有的西方性别研究以及一些针对中国的研究都认为儒家思想对女性总体上有负面影响，并在此基础上得出结论——它对中国女性在管理层中的地位也产生了负面影响。

当然，也有不同的声音。一些观点认为，事实上，中国女性在历史上没有受到男人的压迫，反而在家庭中占有举足轻重的地位。女性作为家庭管理者的角色赋予她们很多积极地影响家庭命运的机会。婆婆在家庭中的强大地位，以及慈禧、吕雉、武则天等各种中国女权的代表人物所展现出的中国女性的不同形象，与许多将中国女性作为受害者的历史记载形成鲜明对比。有观点认为，将中国女性视为传统文化中被压迫的牺牲品，她们就只能通过西方的价值观和教育方式得到解放。

除了基于性别的观点外，儒家思想与当今管理实践和社会价值观的联系也很紧密。中国商业生活中普遍存在着三大儒家思想，即君子之交、持续学习和务实避虚。与管理实践密切相关的五种关系类型，也都深受儒家思想影响。此外，儒家的和谐（和）、中庸、尊卑、讲关系、重颜面等价值观，也都深深融入了中国的管理实践活动中。

"和"这个概念，既指人与自然的和谐，又指人类社会的和谐，与垂直人际关系（社会等级）和水平人际关系（关系和面子）的伦理原则紧密地联系在一起。以大局为重是保持和谐的一个重要方面。当个人利益与集体利益发生冲突时，管理者被期望放弃个人需要，以满足群体需要。中庸是儒家提倡的平衡、适度、得体等行为规范的基础。中庸原则对中国的管理风格有着重要的影响，如沟通与谈判的方式、老板与员工之间的相处模式等。理想的中庸源于传统的"模糊性思维"，主张和谐、均衡的上下级关系，并建议管理者采用相对温和、宽容的领导风格和轻柔、无冲突的沟通与谈判风格。尊卑，即上司被期望善待下属，下属被要求尊重上司。传统上，中国员工尊重等级观念，接受上级与下属关系的层级性。信任和承诺在中国的人际关系中起着关键作用，互惠义务体系被称为关系，"关"代表着门，而"系"则是维系和维持的意思。在管理实践中，关系可以在各种商业场合和处理组织问题时发挥核心作用。后面的人际网络部分更深入地研究了关系的重要性。保全颜面也是一种很重要的、被转化为管理实践的儒家传统价值观。颜面有两方面含义，一是社交面孔，代表威望或声誉，可以通过社会地位获得；二是道德面孔，代表具有令群体尊重的良好的个人声誉。在儒家思想中，保全颜面是维护高尚人格和保证人际关系和谐的手段。在管理实践中，这种价值观意味着，人们认为直接的批评是具有破坏性的，因此倾向于解决冲突而不是激化冲突。

当今中国女性是否或是在多大程度上受到儒家价值观的影响，目前无法从已有研究中得到明确的答案。从各种讨论中，我们可以发现两种中国女性形象：一种是西方出版物中普遍描绘的受儒家思想压迫的女性形象，另一种则是女权主义者描绘的超越刻板印象的更复杂的中国女性形象。这些讨论同时证明，传统价值观是中国管理实践的基础。这些价值观与性别无关，男女都适用。

◆ 上海女性职业生涯研究室研究结果 ◆

笔者向受访女性提出如下问题，基于自身经历，她们认为传统的儒家价值观是否影响了自己的职业发展道路。大多数受访女性达成了共识：她们不认为自己的职业发展与儒家价值观有直接联系，也不认为这些价值观对她们的个人职业发展有任何负面影响。对于这个问题，受访者给的最多的反馈是："这与我的职业生涯无关。"对这个话题的进一步讨论揭示了中国女性对儒家传统价值观的认识，可以归纳为五种不同的观点。

1. 那都已经是过去的事了

根据这一观点，与女性角色相关的旧习已被中国近年来争取女性平权的政治发展所取代。中华人民共和国成立以后，女性的形象发生了根本性变化。绝大多数人认为这些变化是积极的，"中国是世界上被解放程度最高的国家"这类回答清楚地反驳了西方出版物中对于中国女性及女性管理者情况的悲观评估。

> 我认为，中国是世界上被解放程度最高的国家。中华人民共和国

成立以后，中国发生了一系列变革，一些不符合时代发展的思想被革除，所以我对这些所谓的旧习未曾有过任何概念。（M，首席财务官）

我的父母经历过一些巨大的变革，思想发生了根本性转变。在他们的脑海中，社会关系已不像儒家思想描绘的那样，男性的地位不应该高于女性。（S，首席财务官）

这些女性的说法与某些研究中提出的中国在男女平等问题上取得了长足进步的观点一致。这些研究认为，这种进步是因为1949年以来中国实行的政策与某些儒家传统截然相反。受访者认为，与儒家思想相比，这些政策反而对她们的职业生涯产生了更多的影响。然而，这些女性提到了中国的地区差异。在受访女性看来，男尊女卑等思想在大城市已经不再适用，但可能仍在中国的欠发达地区产生影响。

孔子的理论并没有专门针对某一性别，他是研究行为的哲学家。也许他会说女性应该多操持家务，男人应该多在外打拼，但我们这一代人不这么认为。就职业生涯而言，男性与女性并没有多大不同。也许儒家思想与女性的职业生涯是有联系的，毕竟这是一个具有悠久传统的思想体系，至今可能仍有影响，但我要说，这样的影响在上海、北京和广州这样的大城市几乎不存在，但是一些小地方可能深受其影响。（S，人力资源总监）

2. 儒家对于女性角色的理解是错误的

部分受访者认为，儒家关于女性处于从属地位的观点从根本上是错误的。"女性通常从属于男性"这种对于孔子思想的解读，会导致社会分裂为男性工作和女性持家的状态。研究小组中的这些女性对家庭主妇模式持批评态度。在这种模式下，女性只在家里工作，在经济上依赖于她们的伴侣。这些受访者倾向于采用消极的态度看待选择这条道路的女性，家庭主妇不符合她们所认同的女性社会形象。

>在最初的孔子思想中，误解就已经存在，女性处于劣势。我认为，政府在消除这些老旧的价值观和想法方面发挥了积极的作用，并直言这些观念是错误的。男性与女性是平等的，女性也应该独立工作，这样可以在一定程度上消除自卑。在大城市中尤其如此，男女平等是实现了的。但是以农村为例，由于农业环境的原因，女性地位低下的现象仍然存在。（Q，总经理）

尽管如此，有两位受访者指出，最近社会上出现了有关孩子抚养问题的激烈讨论，有人认为，为了孩子的利益，女性做家庭主妇更好。传统的思想被重新提起。

3. 性别歧视是一种全球性现象

持这种观点的女性认为，女性在职业生涯中面临的挑战比男性更多是一个全球性问题，而不是中国独有的问题。她们否认这个问题与孔子有关，并指出每个国家都有导致女性受歧视的古老传统。西方对孔子的负面解读可能是对中国形象的攻击，而中国女性则拒绝接受。与前面提到的观点一致，她们认为刻板的研究导致中国女性被塑造成古老传统的受害者。

>我不认为这个现象要归咎于孔子的思想。我想说的是，这只是世界各地普遍存在的一种对待性别的看法，中国并没有因为孔子的思想而变得有多么特殊。孔子在中国的影响力也并没有那么巨大，其思想在男女性别问题上只是起到了启示作用。但性别差异问题却又是实际存在的，只是在中国碰巧有一种叫作儒家思想的理论。也许在德国或美国没有同样的东西，但这并不意味着那里就没有性别差异。（G，客

服部总监）

4. 孔子的思想受到了错误的解读

一些受访者认为，儒家传统的核心是由不同的、对于男女同样起积极作用的价值观组成的。她们把这些积极的价值观作为自己生活和管理方式的参考。儒家思想特别强调平衡，力求和谐，尊重长者、上级，提倡努力工作。这些女性认为，儒家价值观总体上是积极的，与任何有关性别的辩论都无关。男性和女性都在努力维护这些价值观，并积极地把它们视为生活的信条。

> 儒家思想并不仅仅影响女性，它同时也提倡谦逊，尊重权威，号召努力工作，这是几千年以来的文化传统，它对我们，包括男女的思想产生了影响。儒家思想阐述的问题更为普遍，并不是刻意针对女性。（C，人力资源总监）

这位女性给出的解释在其他研究中也能找到相似的依据，这也证明了中国商业价值观和儒家文化价值观之间的联系。提倡学习、重视人际关系、成熟的道德观和人文关怀都被视为儒家价值观的积极方面。在这些方面，受访者的回答符合儒家价值观与中国管理的相关性的各种解释。很明显，她们认为儒家传统与管理实践的关系更大，而与性别不那么相关。

> 最重要的事情之一就是追求和谐，这一点相信你也从我们的政府那里学到了。我们追求一个和谐的社会，所有人都一样，没有人喜欢挑衅。这当然会产生巨大的影响。例如，为什么我们没有勇气说出我们想要的？如果你想要别人想要的东西，那么和谐就被打破了。另一个表现是，大多数中国人，不仅仅是女人，男人也一样，没有足够的

勇气或者说不愿意在有问题的时候直面冲突。我可能不同意你正在做的事，但我不能说出来，因为那样会产生冲突，于是我会找你谈谈，但我并不直说问题，而是试着先与你建立一种关系。我们要不一起吃个晚饭，聊会儿天？首先建立一些私人关系，之后你给我面子，我给你面子，这样我就可以解决冲突了。中国人真的不会去直接制造冲突。（J，首席行政官）

其他女性也有类似观点，她们阐述了儒家思想是如何为职场传递积极价值观的，以及女性管理者有多遵循这些价值观。她们将这些价值观与跨文化能力相结合，以便能够同来自其他国家的人很好地交流，并对其他国家的商业文化和管理做法有所了解。因此，与这些女性真正相关的是她们有着浓厚儒家印记的管理方法与西方管理方法之间的联系。这些女性认为，将女性置于男性之下，要么是如今已不再适用的儒家传统的一个方面，要么只是为了实现家庭内部的和谐，因此这样的思想在管理环境中没有显著的影响力（歧视或其他）。

5. 与男女平等思想共存

这一个观点是由一位受访者提出的，她解释了传统的儒家价值观是如何与共产主义的男女平等观念共存的。按照这种观点，中国社会仍然是由男性主导的，男性被赋予更高的地位，但与此同时，中华人民共和国成立后的一系列变革确立了社会平等的理念，鼓励女性与男性一样积极发展自己的事业。因此，现如今许多女性可以平等地与男性竞争。该受访者认为，强调男性地位的儒家价值观也继续影响着企业，并谈到了一种潜意识上的冲突。她说，尽管这两种价值观是完全相反的，但在社会中共存。换句话说，在中国，管理者以一种矛盾的方式将传统价值观和更务实的管理方法结合在一起，使这种共存现象尤为突出。

我认为两种思想是共存的。中国社会的深层根基是与儒家思想、中国传统联系在一起的，这使得中国社会仍然由男性主导。但我认为，政府对中国文化的影响在于其推崇的广泛而又完美的性别平等理念。（H，副总裁）

综上所述，许多研究认为，儒家价值观对女性的职业生涯产生的影响主要是负面的，而事实上，儒家文化对中国女性的影响可以从不同的角度进行阐述。大多数受访女性表示，她们没有亲身经历过儒家思想带来的任何负面影响，儒家思想对于女性地位的描述仅仅是对过去的中国产生了不良影响，实际上，儒家价值观为如今的社会提供了积极的沟通模式，对她们的领导风格产生了积极的影响。不过，要将她们受儒家思想影响的管理风格与截然不同的西方管理风格结合起来，也是一个挑战。一些女性表示，在跨国公司，根据不同的个案情况，管理者需要逐一调整处理方法以适应西方的管理模式。

像管理者一样思考——像男性一样思考？中国女高管的社会形象

除了文化和政治背景之外，中国社会也存在着对女性担任高级管理职务的接受度问题。世界各地的研究人员对女性高管的社会形象进行了研究，其中一些研究专门针对中国。对于性别的刻板认知反映了男女特定的心理特征。根据刻板认知，"男性"特征，如独立性、攻击性和支配性，在男性身上体现得更为明显，而女性则具有"女性"特征，如善良、温婉和敏感。如今已有很多关于这些性别刻板印象的研究，而这些印象并没有随着时间的推移发生变化，它们实际上反映了人们认为男女各自所应该做出的行为。由这些刻板印象延伸开来，男人的角色是工作，女人的角色是持家。性别平等主义的发展程度、性别角色差异被最小化的程度以及对平等权利的支持程度在不同文化间存在着差异。对于这些问题，研究中有很多关于中国的发现,这些发现涵盖了几乎所有的可能性,甚至包括了一些相互矛盾的结果。受过教育的女性并不把自己看成"反射阳光的月亮",即她们不是辅助男性的服务性角色,而是"半边天",也就是说,她们与男性平等,同时都在为社会做贡献。但女性在高级管理层中所占的比例仍然低于男性,这一事实常常被归因于刻板文化。

在一项针对中国学生对女性高管的看法的研究中,研究人员得出的结论是,随着女性在管理阶层中地位的上升,她们越来越不太容易被人们接受。甚至女性参与者自己也表示,比起男性上司,她们可能更不信任女上司。该研究给出了一些对于女性高管的刻板印象,如不公平、难以共事、心胸狭窄等。在一项针对美国、智利和中国学生的调查中,中国学生对女性管理者的评价最低。其他研究则认为,中国男性和美国男性对女性高管的好感度较低,中国女性和美国女性对女性高管的评价相对不那么负面。总体而言,美国的女性管理者得到的评价不太高,人们认为她们能力没有那么强,不怎么活跃,反应迟钝,身体虚弱,过于顺从。

一些观点认为,中国女性有一种潜意识的自卑感,这导致她们对自己的女性同胞更加严厉。据美国研究人员称,这与中国女性的社会化有关,而这种社会化会导致不安全感和害羞。可拉比克已经详细介绍了这方面的内容,她认为,"男人能力更强"的社会观念表达了女人对自己的消极态度。她还指出,中国女性将认为女性低人一等的文化观点内化,这可能会影响她们在管理岗位上取得成功的积极性。然而,西方研究人员提出的对女性高管的负面态度往往局限于中国欠发达地区。

抛开负面看法,研究认为女性管理者更倾向于以人为本:总体而言,她们更友好,更温和,更宽容,更敏感,更开放,更注重团队精神。

关于女性高管形象的最著名的西方研究可能是沙因的研究。从1970年开始,她花了几年的时间研究了一种现象,把这种现象称为"像管理者一样思考,像男性一样思考"。早期的研究表明,女性在管理方面遇到困难的原因之一是社会对管理角色的性别成见。研究显示，美国男性普遍认为，身处企业环境中的女性素质较低。他们认为，只有男人才拥有管理成功所必需的特征。人们往往用男性特征去描述一个好的管理者。沙因发现，中国的中层管理者可能比其他国家的管理者更加相信，"成功的管理者拥有更常见于男性的特质"。组织对领导力的定义仍然是建立在男性强硬、进取、果断等典型特征之上的。另一项研究显示，女性更倾向于认为，管理者所需要的特质在两性身上皆有体现。针对管理专业学生进行的调查还发现，女性认为两性在管理岗位上取得成功所需要的技能和特质是一样的。综合各方研究来看，将男性特质与管理技能等同起来的主要是男性。相比之下，女性则看到了女性特质与管理成功的先决条件之间的联系。

那么，对于领导力的刻板印象是否仍然影响着全球女性的管理职业生涯呢？在大多数国家，女性高管仍然需要处理自己与女性特质不相符的角色形象。这种形象使她们处于不利地位：如果她们有更女性化的特质，就会遭受不符合管理角色设定所带来的痛苦；如果她们用更男性化的特质与男性竞争，又会因为在这些特质上不如男性而痛苦。

有趣的是，一些来自中国的数据却并不支持这种观点。2001年，《中国日报》对上海、北京和广州的940名男女进行了调查，结果显示，中国人对理想女性的标准是，该女性是一名事业有成的职业女性，同时在家庭中也成功地肩负起母亲的职责。在调查中，既是母亲又是在职员工的女性获得的支持率是纯职业女性的三倍。

◆ 上海女性职业生涯研究室研究结果 ◆

上海女性职业生涯研究室中的女性认为中国的社会环境对职业女性来说大体上是积极的，她们满意于自己的高管形象。这种形象与成功、高收入和奉献精神联系在一起。据这些女性说，一名女性成功获得了高级职位，就会获得来自社会的尊重以及在家庭中的强势地位。在人们看来，一名女性在事业上取得成功代表了整个家庭的成功。受访者认为，这一观点源于中国近代以来女性普遍都有工作的社会现实。在中国，家庭主妇的角色一直很特殊。不过，受访者表示，关于家庭主妇角色的讨论在中国成为一种新趋势。如何正确抚养孩子？由祖父母来照顾孩子真的好吗？这样的问题引出了对于家庭主妇的讨论。

> 在过去，不工作是一种耻辱，就像寄生虫一样。女人如果不工作，就会低人一等，只是男人的附属品，而不是一个独立的人。（A，人力资源总监）

以下是关于女性高管形象的积极描述：

- 普遍为社会所接受／形象积极正面（9）
- （形象）比男性更佳（3）
- 强大（5），有进取心／有魄力（6），自信（4）／努力（2）
- 受到良好教育（1），有能力（2）
- 更聪慧／做事有良好的组织性和计划性（3）
- 拥有权力（2），受人敬仰（2）
- 成功（4）
- 关心家庭（1）

关于女性高管的形象，有多位受访者提到"积极"和"普遍为社会所接受"等。在一些女性看来，在工作环境中，女性实际上比男性形象更好。这种形象是建立在努力工作、有魄力（进取心）和具有良好的组织能力等基础之上的。其中，已为人母的女性高管因其有能力同时兼顾家庭和事业而倍受赞赏，这给她们带来了额外的社会认可。一位受访者讲述了身为母亲的女性高管是如何同时从同事和家人那里得到支持的。然而，也有少数声音对于职业女性对子女的奉献程度表示怀疑，导致社会对她们形象的评价更加矛盾。

一些观点认为职业女性不符合女性该有的形象。尤其是单身女性，她们对自己作为职业女性的形象持保留态度，因为她们担心潜在的伴侣可能会认为她们太过强势，这会降低结婚的可能性。"剩女"这个词指的是那些过了结婚年龄的单身女性。由于只有少数单身女性参与这项研究，只有一位（单身）女性对该情况谈了看法。

"不生育"和"做出牺牲"也被多次提及。人们普遍认为，那些渴望成为首席执行官的女性要么为了事业而选择不生孩子，要么就不能花太多时间和孩子在一起，因此，女性首席执行官不得不做出与为人母相关的牺牲。研究小组中的受访女性对中国职业女性形象进行批判的情况较少，但她们也谈了一些来自外部的对女性高管形象的负面评价：

- 专横（1），危险（1），过分注重细节（1）
- "剩女"/没有女人味（4）
- 不生育/做出牺牲（4）
- 女强人（1），难相处（1），让人害怕（2）
- 不受社会欢迎（2）

这些女性称，在她们所处的环境中，女性高管获得的积极评价比较多。在传统的家庭制度背景下，女性事业成功被认为有助于巩固整个家庭。此外，受访女性普遍认为，似乎女性管理者比男性管理者更受青睐。这与一些现有研究的言论相矛盾，研究中所谓的"女性不具备管理能力""男人比女人更能干"等刻板印象在这些女性的反馈中没有体现出来。接受采访的女性并没有区分男性和女性提出的观点。然而，她们支持这样一个观点：在中国，女性比男性更可能认为，女性管理者有能力完成管理任务。

从这些采访中可以得出结论，中国女性在社会和公司中所扮演的角色通常都是正面的，而且受访者的描述与《中国日报》（2001年）的调查结果一致，即在职母亲代表了中国女性的理想状态。

中国女性就业市场背景：平等还是不平等？

除了研究儒家传统之外，已有研究还阐述了与中国女性地位相关的政治变化，其中一些变化与儒家传统截然相反。中华人民共和国成立以来，中国政府在男女平等方面所做的努力是有目共睹的。通过废除压迫女性的封建制度，国家在建立更广泛的男女平等体制方面发挥了主导作用。为实现这一目标，中国政府采取了各种措施，涉及立法、行政和经济体制。在立法层面，国家颁布了法律法规，确立了提高女性地位的基础：女性在政治、经济、教育和社会生活中享有与男子平等的权利。1950年，中国通过了婚姻法，其中包括了给予女性离婚的权利。随后，中国女性的就业率急剧上升。国家继续推行相关规定和法律，在保护女性现有权利的同时，进一步赋予女性新的权利，目的是创造平等的机会。媒体还传播了机会平等的思想。20世纪50年代至70年代，国家采取的措施包括推行产假和在丈夫的工作单位附近为女性安排岗位等。在此期间，农村地区的幼儿园和托儿所数量成倍增长。

如今，中国女性在工作岗位上的比例远远超过西方资本主义国家和全球平均水平，这都归功于过去50年中国政府采取的措施。现在，双职工家庭（即夫妻双方都工作）已成为中国社会公认的一种标准家庭模式。研究员斯托克曼认识到，女性在中国能获得更多平等的机会，他还称，在20世纪80年代中期，中国政府开展了很多工作，以不断减少男女之间不平等的情况："我们可以看到，中国的性别平等情况比日本、英国和美国都要高出一个水准,所有成年人都能平等地做全职工作,男女在家庭中的角色高度平等。"不过也有相反的观点,认为女性在中国政府高层职位上所占的比例较低,从而得出结论,中国女性的权力仍没有男性大。可拉比克总结说,中国政府采取的措施只能被看作性别完全平等道路上的部分成功。中国经济向社会主义市场经济转变以及随之而来的自由化限制了国家对男女平等问题的影响。失业率随着计划经济向社会主义市场经济的过渡而上升。女性处于特别不利的地位,她们中的许多人失去了工作,而且难以找到新工作。

总之,我们可以看出,中国政府采取了各种措施,不断改善女性的生活和工作状况。然而,政治措施在多大程度上直接影响了中国女性在管理岗位上的职业生涯,仍是一个悬而未决的问题,但我们可以结合上文提到的各种背景进行讨论和解释。从根本上说,中国女性所处的社会文化环境,在传统上对儒家价值观的解读与建立平等关系的政治努力之间存在矛盾。

在中国,女性管理者是否处于一个完全平等的环境下,目前还没有定论。关于这一问题的研究主要来自性别研究领域,尤其是女性研究。性别研究的目的是指出不平等的所在。在中国的工作环境中,男女之间的不平等现象主要表现在三个方面:产假、退休年龄和招聘时的差异化。这些因素导致男女的待遇有所不同,且在解雇时男女也被区别对待。中国在实行计划经济时,便实行了男女同工同酬的原则。在那个时候,超过90%的女性都有工作,这远远超过了西方国家。社会主义市场经济的转变于1978年开始,劳动合同制度则在20世纪80年代开始,在20世纪90年代得到大力推行,这意味着,公司有更多的自由来制定自己的薪酬体系。

20世纪90年代中期以来,越来越多的出版物研究了中国男女工资的差异。资料表明,男女职工的工资差距在过去20年里不断扩大。1978年,中国女性的工资大约是男性工资的84%。到2004年,这一数值为76%。中国社会科学院的一项家庭研究证实了这一趋势。然而,在竞争激烈的行业和民营企业，男女的工资差距较大，而在国有企事业单位，这种差距则较小。女性的薪水也与其婚育状况相关。已婚女性在国有企业的薪水更高，而在其他类型的企业中，她们的薪水比未婚女性低12%。对中国女性来说，结婚并不一定意味着收入减少，公司性质不同，可能会出现相反的结果。

除此之外，产假和养老金制度也造成了上述收入的差距。在中国，产假意味着母亲在产后休息的约100天中，可以获得全额工资。此外还有其他在工作场所保护母亲的规定，例如关于母乳喂养的规定。中国企业将产假视为成本因素之一，因此将其视为一种风险，部分原因是许多中国企业没有投社保。这对女性的工作产生了负面影响。抚养孩子的责任是造成女性被解雇的原因之一：大约46%的解雇发生在25岁至35岁的女性群体中。在一项对908家公司进行的调查中，9.8%的经理表示，比起男性，他们更愿意解雇女性。这意味着女性比男性更容易被解雇。随着时间的推移，中国以前的女性高就业率发生了变化。

与此同时，中国养老金制度下的男女退休年龄不一样。男性普遍为60周岁，女性平均为55周岁。在特殊情况下，女性可以工作到60岁或更晚，因为她们的资历对公司至关重要。这些规定意味着女性发展事业的时间将少于男性，甚至可能导致另一个后果——养老金减少。

综上所述，虽然中国法律规定男女在就业方面绝对平等，但其他规定可能导致女性受到不平等对待。此外，如何保证企业按照法律规定实现男女平等尚不明确。"性别平等是一个企业社会责任的重要组成部分，"上海市妇联主席徐枫于2014年10月在上海妇女发展国际论坛上表示，"我们依靠组织带头给有才能的女性员工应有的支持和职业发展机会。"由此可见，性别平等一直是中国关注的问题，就像世界其他地区一样。

◆ 上海女性职业生涯研究室研究结果 ◆

中国某位著名的性别研究者在谈及中国的平等问题时指出："'妇女能

顶半边天'这句话承认了两件事——女性对中国社会的重要性和贡献以及她们在现代中国的平等地位。如果你问我，女性是否能扛得起半边天，我的回答是肯定的。如果你问我，中国女性是否应该承担一半以上的责任，那我不得不说，中国女性所承担的责任已经超过了半边天。我们现在要讨论的是这一发展对女性生活和整个社会的影响。"

下面这部分探讨了受访女性对中国管理岗位机会平等状况的主观判断。受访女性首先被要求口头评价中国女性的机会平等程度，程度从0到10，10意味着男性和女性在高级管理层的机会是完全平等的，0意味着根本没有机会平等。随后，笔者要求这些女性为她们的打分做出解释。27位受访女性给出的结果如下：3位女性给出的评分大于10分，9位女性大致给出了10分的评分（其中5位认为这个评分仅适用于大城市），6位女性给出了8~9分，7~8分和6~7分各4人，1位女性给出了5分。

大多数女性在自己的公司和职业生涯中感觉与男性平等，有些甚至觉得自己比男性优越。她们解释了在哪些方面女性比男性更有优势。部分女性之所以给出8~9分，是因为她们觉得存在地区差异。

根据一些女性的说法，机会平等主要存在于中国的大城市，比如上海。在上海，女性在高级管理岗位上的机会有时比男性更多。在跨国公司中，女性能获得更多机会的部分原因在于，跨国公司的总经理（通常来自海外）比起男性工作伙伴更信任中国女性。

> 我没法给出唯一的答案。在大城市，男女是相当平等的，在农村地区不平等。跨国公司则并没有性别上的偏好。（M，首席财务官）
>
> 在某些情况下，女性能获得的机会更多。在大城市，男女拥有相当平等的机会。（J，亚洲采购总监）
>
> 我认为是平等的，报酬上也是如此。在中国，女性不像在其他国家那样总是待在家里。（A，副总裁）

如今，在中国，女性比男性更有权势。而且，从学校里开始，现在的女孩们就已经做得更好了。（C，人力资源总监）

除了对机会平等的积极评价之外，一些孤立的评论更具有批判性。根据这些评论，机会是否平等取决于女性在公司内的级别，取决于女性是否愿意并能够将担任高级管理职务的要求（如经常出差）与家庭事宜协调好。

中层管理人员是100%平等的。在高级管理层，我觉得60%的情况下是平等的。不平等是因为女性不想要这些职位。有些要求太过分了，比如频繁出差。完全平等只是幻想，可能直到男人能生育的那一天才能实现。我认为，在养育孩子的过程中，我们在家庭中扮演着重要的角色，但这一角色实际上也不是完全平等的。（H，副总裁）

在公司最高层——首席执行官或同等职位——的性别平等问题上，受访者似乎不能达成共识。一些女性表示，这一角色主要是为男性保留的。另一些女性则强调，在这个管理层上也有机会平等，但只有少数女性去争取过最高职位。

少数受访女性认为，在中国，机会平等通常是有限的。这些观点主要认为母亲身份和产假对男女平等产生了影响。

对于总经理岗位来说，男女的机会是一样的。但怀孕和四个月的产假可能会导致这个岗位更适合给男性。（C，人力资源总监）

性别影响不大，和美国的情况一样。实际上，这个问题取决于这位女性是否育有孩子，能否在抚养孩子上得到家人支持。我不认为在文化上人们会偏向于女性不如男性，但家人总是对你有所期望。这是

非常实际的问题，你必须平衡工作和家庭事务。（C，总裁）

有两名女性认为，因为男性和女性对高级管理岗位的适用性存在普遍差异，所以能够胜任这些职位的女性人才库较小。在她们看来，女性往往比男性更倾向于完美主义，也不那么有自信。一名受访者认为，许多女性还有其他人生目标，比如嫁给有钱人。她还提到了女性在参与男性社交礼仪（比如晚上参加酒局）时所面临的挑战。

我们公司30%~40%的董事为女性，比例不是很高。所以在10分中我打出了6~7分。其中一个原因可能是，过去女性人才库较小。但在今天的学校里，越来越多的女孩获得了成功。另一个原因可能是，女性往往是完美主义者，缺乏足够的自信。当男性只有6成把握的时候，他们就会采取行动。（K，人力资源总监）

10分里我打了8分，是因为有时候商业上的一些规矩对女性来说很困难，比如晚上喝酒等。也有很多女性并不想拥有成功的事业，只想嫁给一个有钱人。（E，总经理）

受访女性还被问及她们如何看待中国的性别平等情况在国际上所处的位置。曾经在德国工作或生活过的女性自然而然地将中国与德国进行了对比。她们指出，在德国，女性进入高级管理层要比在中国困难得多。母亲身份及其承担的义务使德国女性更难晋升到高级管理职位。因此，德国在相关问题上的得分是3~5分，一位受访者给瑞士打了4分。两位受访者提到了美国。其中一名女性认为，中国高级管理岗位上的女性比美国的多，而另一名女性则认为，美国和中国的情况差不多。受访者还认为，与邻国日本和韩国相比，中国女性也获得了更平等的机会。

> 在德国，如果你把孩子送到祖母那里，你就是不负责任。对中国人来说，这很正常。在德国，女性要取得领导地位要难得多。（Z，信息技术总监）

> 德国的女性高管非常少，因此，我觉得德国还是一个由男性主导的国家。（J，总经理）

总体来说，受访者们对位于上海的跨国公司中男女机会是否均等的问题持积极态度，认为女性比男性更有机会担任高管职务。这与大多数现有研究的观点不同。然而，中国女性在首席执行官等最高管理职位上是否享有平等的机会仍存在争议，因为这些职位通常由外国男性担任。这也反映在已有的研究数据中，这些数据表明，在中国（就像世界其他地方一样），女性担任首席执行官的情况仍然很少见。受访者表示，母亲的身份及其对女性的特殊要求对她们的职业生涯产生了部分影响，这与大部分研究结果相符。此外，只有一位接近退休年龄的女性提到了提前退休对女性职业发展的影响。在接受采访的过程中，这些女性并没有自发地讨论男女工资可能存在的差距或男女在应聘上的差异，而这些是各种研究中经常探讨的话题。当然，研究小组中女性的回答不能概括整个中国的情况，她们的观点主要基于大城市。因此可以说，上海为女性的职业生涯提供了一个特别积极的环境。

中国高级管理岗位上的女性比例

关于女性在管理岗位上所占比例的研究经常会出现矛盾的数据和解释。虽然女性占世界人口的50%以上，但没有一个国家的女性能占企业管理岗位的一半。国际研究人员对女性在管理职能方面的发展仍持积极态度，但这往往与中层管理的成功有关。世界范围的数据显示，女性在管理岗位上的比例有所上升。尽管出现了这样的趋势，但女性管理者仍集中在较低的管理层级上,她们的职权比男性要小。现在,在许多领域中,女性占管理人员中的大多数。

不同的数据反映的情况是不同的,这是由于对"管理角色"或"高级管理人员"的定义不同。虽然各种数据来源存在差别,但有一个结论相对一致,即总的来说,世界范围内,中国管理岗位上的女性比例相对较高。2010年世界经济论坛称,中国超过50%的初级管理职务由女性担任。莱姆提供的数据显示,2008年,中国民营企业中约有8.3%的总经理是女性,国有企业中约有5%的总经理是女性,并将这些数据与美国1000家顶级企业中4%的女性总经理数量进行了比较。2014年的数据显示,在中国的公司中,女性占董事会成员的10.7%,占总经理岗位的3.2%(瑞士信贷研究院)。另一项数据则显示,中国企业的董事会中,女性比例为21%,而全球平均水平为19%(索恩·思顿)。2015年世界经济论坛的数据显示,在中国,女性占所有高级官员和管理人员的17%,18%的公司有女性高管。

全球数据显示,在企业中,极少有女性会担任最高一级的高管职务。中国符合全球状况,首席执行官等岗位继续由男性主导。另一方面,从各种数据中可以看出,中国女性在高级管理岗位上所占比例在世界范围内处于前列。索恩·思顿估计,在2013年时,该比例为38%,这使得中国在当年的世界排名中与俄罗斯和一些波罗的海国家并列第一。相比之下,美国为20%,法国为23%,德国为16%,全球平均水平为24%。该研究还发现,中国的首席财务官和人力资源总监中女性所占比例惊人,分别为81%和61%。瀚纳仕亚洲薪资指南(2015年)进行的一项研究证实了这一观点。该研究显示,中国高级管理岗位上的女性比例为36%,而亚洲平均水平为29%。

综合看来,中国高级管理层中女性的比例非常高,主要集中于首席执行官之下的第二层级和管理团队,这些职位包括首席财务官、首席运营官和人力资源总监等。中国在女性参与高级管理方面处于领先地位。

◆ 上海女性职业生涯研究室研究结果 ◆

为了评估受访者对中国高层管理职位中女性所占比例的估计，作者向她们展示了一项索恩·思顿的研究数据，以激发她们的思考。这项数据显示，中国51%的高级管理职务由女性担任（该数据为2013年索恩·思顿首次发表的数据，后来该数据被修正为38%）。受访者被告知这一数值，但没有被告知这一数值是如何计算的，她们基于这个数值预估女性在管理层中所占比例有多高。

根据个人的实际经验，大多数受访者估计这个数值确实是51%，甚至更高。只有少数女性（总共8人）怀疑这一数值，并估计女性在管理层中的真实比例更低。受访女性的估计值在20%到65%之间，这意味着她们的观点和现有数据一样存在差异。那些认为这一数值过高的人指出，中国存在巨大的地区差异，北方仍被视为男性占主导地位的地区，女性在高级管理职位中的比例较低（这降低了总体比例）。另一个支持较低数值的理由是女性在最高管理层中所占比例非常低。此外，有些受访者考虑到女性在中国政府高级职务中所占比例较低。抛开这些因素，从整体上来看，受访者普遍认为，这一数值对于南方城市和跨国公司来说基本上是准确的，特别是在上海，传统上女性被认为更强势。这些女性都证实，在她们所在公司的管理团队中，女性占多数。

为何中国女性在高级管理层中所占比例如此之高？受访女性的回答可以总结为四个因素：平等政策，女性受教育程度高、能力强，家庭支持，跨国公司需要。根据受访女性的说法，中国的平等政策使得每个人都可以投入工作，无论男女。中国社会是排斥家庭主妇这一选项的，不工作或只做兼职并不是女性的榜样。中国的主导模式是男女双方都有收入（不像西方，女性通常待在家里）。此外，女性在抚养孩子的事务上得到了来自家庭成员的大力支持，可以有精力发展自己的事业。受访者表示，独生子女政策让女性更容易专注于自己的事业，因为照顾一个孩子相对容易。这一政策现在发生了改变,有可能对职业女性生涯产生影响。中国女性在做了母亲之后,通常还是热衷于重返工作岗位,否则她们很快就会感到无聊。中国女性参与工作、自力更生和经济独立的社会现实是女性在管理层中所占比例高的重要原因之一。另一个重要原因是,女性的工作技能使她们能够胜任高级管理岗位。受访者将这些技能与男性管理者进行了比较。她们认为,多年来,中国女性总体上比男性受教育程度更高,工作更勤奋,有抱负,且善于沟通,比男性更能适应其他文化。女性倾向于改变自己以适应环境,而与此相对,男人容易被宠坏,缺乏独立性。在受访女性看来,独生子女政策的一个后果就是产生了一代"劣质"男性,当然,这只是一部分,也有非常优秀、成功的男性,但女性认为,这样的男性在追求其他职业目标(比如成为独立企业家)之前,只会在管理岗位上待很短的时间。因此,他们在跨国公司中并不常见。受访者还认为,跨国公司的外国男性总经理对女性更友善,他们更可能支持和提拔女性。她们还指出,某些市场、某些行业特别适合女性,如在零售和时尚行业,女性拥有特别好的机会。

综上所述,大部分受访者认为51%这个数值在一定条件下符合实际,但是最高管理层级的男女比例差距过大。她们认为,在中国,女性完全有可能成为首席执行官等最高管理者,社会也支持这样的情况。然而,许多女性在实现工作与生活的平衡上花费了太多精力,这阻碍了她们成为首席执行官。而且,跨国企业中似乎还普遍存在歧视中国人的现象,这使中国人难以进入最高管理层。这一点将在接下来的部分中讨论。

中国存在"玻璃天花板"现象吗?

"玻璃天花板"这一备受争议的概念,可以用来解释为什么世界各地的初级和中级管理层中都有女性,女性却很少能升到最高层。按照大多数定义,"玻璃天花板"是指女性(男性没有这样的情况)在达到最高管理级别前所面临的无形障碍，而这一障碍较难克服，导致女性被排除在最高权力圈之外。1998年，美国92%的女性高管证实了"玻璃天花板"的存在。由于迄今为止对女性管理者的研究不多，笔者只找到个别中国案例。在一项关于中国酒店业女性的研究中，研究人员得出结论，中国存在"玻璃天花板"。女性在所有员工中约占60%，但只有少数高管是女性。女性晋升速度更快，但达到总经理级别的可能性比男性低。这项研究表明，出现这种现象的主要原因是女性很难将家庭和事业平衡好，以及传统上，人们认为男性更适合管理角色。另一项研究着眼于中国女性在科学和工程领域的前景。虽然现在有更多的女性学习数学和化学，并且取得了比男性更好的成绩，但她们的起薪低于男性，就业前景总体上也不那么好。在另一项美国研究中，72名中国学生证实，女性在管理岗位上的地位越高，被接受度就越低。可拉比克指出，尽管中国女性的就业率比美国高，但中国女性管理者似乎被设置了"玻璃天花板"，就像世界其他地方的女性一样。

◆ 上海女性职业生涯研究室研究结果 ◆

受访者被问及她们在自己的职业生涯中是否经历过"玻璃天花板"，如果经历过，程度有多大。她们的答案可以分为三组。第一组不认为中国存在"玻璃天花板"。第二组认为确实存在"玻璃天花板"，但将这种现象归因于国籍而非性别。她们认为，跨国公司的"玻璃天花板"适用于所有中国人，不分男女。第三组认为女性有"玻璃天花板"，但只适用于公司最高职位，而不适用于其他高级管理职位。

1. 女性没有"玻璃天花板"

10名受访者否认在国有、民营和跨国企业的高级管理层中存在女性的"玻璃天花板"，尽管她们对于女性在不同类型公司中获得总经理一职的难度有不同的看法。拥有很强的事业心和井然有序的家庭生活被认为是进入公司高层的先决条件。

"玻璃天花板"是不存在的。尽管我在职业生涯中经常会遇到关于女性情绪化和家庭责任的争论,但我并没有看到"玻璃天花板"。大多数女性首席执行官表现得更好。她们基本都可以从家庭生活中脱身。(J,总经理)

我不相信有"玻璃天花板",对男人和女人来说,一切皆有可能。(Z,信息技术总监)

"玻璃天花板"仍然与冒险精神和职业抱负高度相关。我不认为有"玻璃天花板"。晋升到哪儿取决于这位女性有多强大的愿望。当然,与中国本土企业相比,在跨国企业中,女性晋升到最高管理层更难实现。首席执行官以下级别的管理岗位没有"玻璃天花板"。(A,副总裁)

我认为它不存在。这取决于女性是否真的想进入高层,以及她们如何安排好家庭生活。我认识一些国企的女性首席执行官,在那里,女性获得高级管理岗位比在跨国公司或民营企业更容易。(J,销售总监)

2. 有"玻璃天花板",但适用于所有中国人

11位女性认为"玻璃天花板"不局限于女性,而是适用于所有在跨国公司工作的中国人。她们指出,首席执行官等最高管理职位仍然是留给其他国籍的人的,鲜有中国人担任此类职务。因此,要从文化角度来理解"玻璃天花板"现象,而不是基于性别。该组别受访者不认为中国民营企业或国有企业存在这种文化背景造成的"玻璃天花板"现象。

"玻璃天花板"是所有中国人需要面对的,并不针对男性或女性。在国有和民营企业中,这种情况并不存在。(C,人力资源总监)

在跨国公司工作的中国人都遇到过"玻璃天花板"。与进入中国

的外国人相比,被送往欧洲的中国人的比例仍然很小。中国人比较内向,而外国人喜欢表现自己。对中国人来说,文化偏见也是造成"玻璃天花板"的原因之一。(K,人力资源总监)

3. 只有首席执行官职位存在"玻璃天花板"

有14位受访者认为,中国女性确实面对着"玻璃天花板",但在她们看来,这种"天花板"只存在于公司的最高职位,如首席执行官。其他首席职位、团队管理人员、董事或副总裁等一般高级管理岗位没有这种现象。

> 在公司里,我们经常讨论"玻璃天花板"问题。我们公司首席执行官以下的管理岗位上有许多女性。一般来说,女性首席执行官的案例相当少,女性往往选择待在更为舒适的第二管理层级。(T,总经理)

> 是的,它存在于所有公司,但只存在于首席执行官一级的管理岗位上。大多数女人都不想要这个岗位。还有一些人则是缺乏必要的技能,比如战略规划。有些女性则喜欢在较低层级的职位上工作,因为她们不必承担太多责任。(M,总裁)

> 我没有这方面的经历,但我认为,从总经理级别开始,似乎是有这种现象的。在获得总经理级别的岗位时,男性和女性可能存在心理上的差异。(M,首席财务官)

这些女性指出了"玻璃天花板"存在于最高管理层的四个主要原因。首先,女性作为母亲所要承担的家庭责任与首席执行官等最高管理岗位的工作要求之间无法取得平衡,最常见的例子便是这些岗位不可避免地要频繁出差。

> 传统的家庭负担是中国女性通往首席执行官职位时存在"玻璃天花板"的主要原因。不是因为人们有偏见，只是因为男性和女性的角色特点就有所不同。（J，人力资源总监）
>
> 我认为，在很多情况下，女性并不想获得这个职位，但男性非常向往。我不想去面对那么多的阻碍，让自己没有时间陪伴家人。（M，人力资源总监）

第二个原因是女性与男性相比缺乏抱负。受访者称，很多女性在第二管理层感到舒适，并不想努力成为首席执行官，主要还是因为女性在平衡工作和个人生活时面临挑战。

> 我认为它是存在的。男人有更大的野心。对于女性来说，平衡工作与私人生活更加困难。（Z，首席财务官）
>
> 跨国公司之所以存在"玻璃天花板"，是因为女性自身不想获得晋升，她们在第二管理层感觉良好。（A，人力资源总监）

一名参与者提到的第三个因素是男性和女性不同的退休年龄。她说，由于女性平均比男性提前5年退休，她们在公司里达到最高职位所拥有的时间就更少了。导致"玻璃天花板"的最后一个因素也只有一位女性提到，那就是对女性领导风格的偏见。根据这位受访者的说法，女性被认为过于关注细节且情绪化，这对她们担任首席执行官产生了负面影响。

在最开始的定义中，"玻璃天花板"现象通常与性别有关。在这种情况下，国籍往往不起任何作用。因此，这些女性的回答为这一现象提供了一个全新的解释。

总之，尽管大多数人认为中国存在"玻璃天花板"，但在35名参与者中，只有14人认为这种现象特别针对女性。受访者普遍认为，"玻璃天花板"适用于所有在跨国公司工作的中国人，且只限于首席执行官等最高管理层。在她们所处的环境中，中国女性和男性都可以担任其他高管职位。

社会出身与女性职业生涯

关于高管的社会出身和家庭状况是否对其职业生涯产生重要影响，国际上已有不少研究。这些研究的结果与目标国家的整体文化和社会背景密切相关。

性别和民族研究领域的研究表明，个人受到社会结构的强烈影响。虽然社会出身和教育前景之间的联系已多次被研究证实，但是社会出身和职业发展道路之间的联系在很大程度上被忽视了。德国社会学家哈特曼表示，在德语国家，拥有上层社会背景的人获得高管职位的概率比工人或中产阶级出身的人高出很多。例如，他的研究表明，几十年来，德国商界精英在社会上的排他性一直保持不变，超过80%的男性（几乎总是）来自中上阶层。只有8.6%的职业机会不平等可以用人格差异来解释。不同的职业发展道路选择则更加受到社会出身的影响。孩子们似乎对父母的职业非常认同。母亲的就业状况似乎影响了女儿的职业选择。在职业生涯决策方面，母亲似乎比父亲更有影响力。

中国关于出身家庭状况对职业生涯的影响的研究很少。赖利写道，在中国，父母的关系网往往比家庭财富重要得多。关系被定义为一种用来交换利益或实现私人目标的体系。这些利益是平等交换的。在中国，关系似乎是为数不多的父母可以传给子女的资源之一。孩子们会很自然地融入并利用父母的关系网。在职业生涯中运用关系的例子有获得高质量的教育，或与合适的人接触以获得有关工作的信息等。因此，父母可能会利用他们的关系来帮助孩子选择好工作。也因此，传统的关系纽带对中国人职业生涯的影响可能比财富或某个特定阶层的成员的影响更大，尽管这种联系还没有得到充分的研究证明。赖利推测，中国不同阶层之间的交流水平可能有所不同，但目前尚不清楚不同社会群体之间的交流强度或频率是否存在差异。我们将在人际网络部分更深入地探讨关系的重要性。

中国的父母对子女的职业生涯选择会产生影响。来自父母的三个主要影响因素是：父母支持特定的行业，父母关注工作福利和名声，以及父母反对某些职业选择。这也导致父母对女性高管职业生涯产生了影响。在中国，很多6岁以下的孩子主要是由祖父母抚养长大的，这表明祖父母也可能对孩子产生关键影响。一般来说，母亲是女性的榜样。可以假设，母亲和祖母都是她们女儿（孙女）的榜样。

伊万斯研究了中国的母女关系，以及母亲如何影响女儿的发展。调查结果显示，在女儿成为独立自主、受过良好教育、成就卓越女性的道路上，母亲显然是关键人物。20世纪50年代和60年代在中国长大的女孩们的母亲往往把性别平等与上班画上等号。80年代长大的女孩们接触到了更为灵活的性别观念，既包括工作方面，也包括家庭方面。

笔者在此研究的是母亲的就业状况对子女成长的更普遍的影响。如果母亲有工作，那么她的孩子往往会很快变得灵活、独立和自主。对于拥有企业的家庭来说，集体意识很重要。每个家庭成员都尽其所能确保家庭的经济状况良好。中国社会的特点是强调家庭集体利益而非个人利益。举一个以集体利益为原则的例子：通常情况下，长子会继承家族企业的管理权，但研究表明，只要女儿有成功的希望，就没有理由不让她继承。这意味着家庭出身也会对中国家族企业女性管理者的职业生涯产生影响。

◆ 上海女性职业生涯研究室研究结果 ◆

笔者要求参与研究的女性自由谈论她们的童年以及她们最亲近的人，从35位受访者中的25位那里获得了反馈。大多数女性来自上海，只有一小部分来自中国其他城市，这意味着她们中的许多人都来自世代生活在上海的家庭。一位受访者描述了一个真正的"上海人"的特点。在她看来，这个城市的原始居民和外来者在语言和传统上有明显的不同。受访女性中的一些人来自上海周边地区，现在这些地区也被纳入上海。她们反馈了她们童年时在城市周边农村和在城市中心生活的差异。大多数女性是在城市环境中逐步进入社会的，但也有一些人完全是在农村环境中长大的。

虽然笔者没有记录所有女性的父母职业，但收集到的反馈显示，除了一位女性以外，其他所有女性的父母都有工作。她们的母亲所从事的职业最多的是教师，其中两位的母亲是教授。并列排在第二位的是银行职员、工人和农民。剩下的有医生、军人、家族企业管理者等。只有一位受访者的母亲是家庭主妇。受访女性的父亲最普遍的职业是工程师，有5人提到。公职人员和军人加起来也有5人。教师、会计和农民分别被提及两次。

在六个家庭中，父母有相同的职业。从总体上看，有的父母双方所从事的职业所需学历差距比较大，不过，从事高学历要求的职业的那一方通常在家庭中占主导地位。大多数女性来自高学历家庭，但这一结果并没有证实西方研究者的结论，即受过高等教育阶层的社会出身与职业成功之间存在正相关关系。如果把父母是公务员、军人和教师等情况结合起来看，这个组别的人数最多。

一些女性在大家庭中长大，因为她们童年时还没有独生子女政策。祖父母、父母、兄弟姐妹和其他亲人都与她们关系亲密。据悉，参与研究的女性中有12名都有兄弟姐妹，大多数只有1个兄弟姐妹，3位女性有2个兄弟姐妹，1位女性有3个，另1位女性有5个。其中，大多数女性都有哥哥或姐姐，只有4名女性反馈她们有弟弟或妹妹。现有的兄弟姐妹的相关数据不完整，无法得出任何可靠的结论。我们只能观察到，根据这些女性的说法，她们中的一些人是在有多个孩子的家庭中逐步成长进入社会的，而没有兄弟姐妹的女性则反馈了其他家庭成员的重要性，这意味着她们属于一个庞大的家庭结构。邻居对一些女性来说也非常重要，因为如果她们的祖父母不住在当地，邻居就会承担起照顾她们的责任。这些女性称，她们童年的特点是双职工父母经常不在身边，在祖父母无法照料她们的情况下，邻居的姑姑、阿姨们帮了很大忙。祖母和母亲在女性成长并进入社会的过程中扮演着重要角色，只有少数女性讲述了她们是如何以父亲为榜样的。许多女性小时候由祖父母抚养，这样的情况一直持续到5岁或小学时。她们住在祖父母家，很少与父母接触，只在周末才能见到父母。受访者指出，这种情况在中国非常典型，父母双方都工作，祖父母在家里抚养年幼的孩子是一种传统。这使孩子和祖父母关系亲密。在这项研究中，受访者与祖母的关系格外亲密。

一些女性称她们的母亲个性坚强，对她们有着深远的影响。她们的母亲富有领导才能，并追求成就感。对于这些受访女性中的许多人来说，她们的母亲都努力为女儿争取更美好的未来，这在她们成长过程中发挥了关键作用。她们的母亲一再强调，只有努力工作、接受教育和严于律己，才能获得更好的生活。受访女性们从小就接受这样的价值观。此外，许多女性的母亲都拥有非常体面的职业，这使得她们在社会中被接纳并赢得了许多尊重。因此，除了一名受访女性以外，其他所有受访女性都以自己的母亲为榜样。中国女性不像西方女性那样很多人都选择成为家庭主妇，她们的祖母在退休后承担起了照顾孙辈的责任，而在此之前也有自己的工作。

> 我父亲是会计，母亲是公司的领导，他们都活跃在各自的工作岗位上。作为一名女性领导，母亲总是积极进取，反而我的父亲并不那么雄心勃勃。（A，副总裁）

> 虽然我妈妈没有受过很好的教育，但她有很强的进取心。我的意思是，她总是想要做到最好，无论对她自己还是对她的孩子，她永远都不会满意。她总是会说"下次你要争取拿第一"之类的话，总是给我设立需要努力去争取的目标，鼓励我要离开我居住的这个地方，因

为她已经在这个地方度过了她的半生。(L,人力资源总监)

我和家人原来住在院子里,那里有很多邻居。基本上我母亲是地位最高的那个。邻居们总是用友好的方式和她打招呼,称呼她吴教授。母亲有很多与我同龄的学生,我总是叫他们大哥哥、大姐姐。母亲很能理解年轻人的想法,不太会说"你必须这样或那样"。她的学生还挺喜欢我们母女的。(J,首席运营官)

受访女性们提到父亲的次数较少。私下里,她们说她们的父亲要么管教严格,要么经常不在家。一位女性提到了一种极为苛刻的育儿方式,她不得不向父亲"讨要"特权。她把自己对金钱的热忱归因于这种经历。另一方面,也有一些父亲并不那么雄心勃勃,他们在事业上的成就可能不如母亲。

我父亲很有商业头脑,甚至与孩子之间的关系也很商业化。他会衡量他在我身上投资了多少钱。真的,如果我向他提出,我想报名参加钢琴学习班之类的,费用大约是2000元人民币,他会说:"行,我会给你这些钱,但下次你能给我什么回报?你能帮我做什么?"他总是在外出差,我的大部分时间都和妈妈在一起。这样的经历带给我一种强烈的感觉,我父亲总是很忙,我的父母之间总是存在一些分歧、争执。我的童年充满了他们的争吵,以及他们给我设定的努力目标。(L,人力资源总监)

研究表明,母亲的榜样作用对女儿的职业生涯决策有重要影响。20世纪五六十年代在中国长大的女性尤其会把性别平等与在职母亲画上等号。受访女性的经历与研究结果相符,研究表明,在职母亲通过她们的榜样作用,对女儿未来的事业发展产生了积极影响。

另一种家庭模式对职业生涯的影响也在受访女性的反馈中得到了体现。其中一名女性在农村一个有很多孩子的家庭中长大，她说她的父母是非常勤劳的人，他们的目标是让所有 5 个孩子都能接受最好的教育。从劳苦的农耕生活中脱身的美好畅想贯穿了这名女性的青春时光。男孩和女孩受到平等对待，父母用大量的爱来弥补他们经济上的缺憾。

> 我认为我的父母只是激励我们学会自我激励，自己管理自己的学习。他们告诉我们，他们没有多少钱，但可以确保我们有足够的学费，我们只要继续学习就行了。所以我们总是管好自己。如果我们不努力学习，就会继续当农民。这是他们的教育方式。我的父母在工作的时候比其他人要努力两倍，因为他们有很多孩子要养，而且这么多孩子都在上学。在那个年代，一个家庭有这么多孩子上学是很不寻常的。通常一个家庭只会送儿子去上学，但我父亲思想很开放，对儿子和女儿一视同仁。（M，人力资源总监）

几位女性讲述了她们在很早的时候学会独立的原因，要么是因为独自居住（去一个遥远的地方上学或照顾弟弟妹妹），要么是因为与祖父母同住。一位女性反馈，她在很小的时候就独立了，她和她的祖父母住在乡下，当她回到城市时，她的父母反而非常不习惯她如此独立。

> 我很小的时候就不得不负担起照顾家庭的责任。我的父亲通常回家很晚，因为他工作的地方很远，回家要坐很长时间的公共汽车。我妈妈在医院里病了很长一段时间，所以只有我和我弟弟在家。作为姐姐，我必须照顾我的弟弟，要做饭，要洗衣服。和同龄人相比，我很早就承担起了照顾家庭的责任。（C，人力资源总监）

一些女性在描述自己小时候的性格时表示，她们很调皮，通常具有男孩的特质。因此，她们不认为自己是典型的女孩子。一位女性讲述了她对学习的渴望是如何被激发出来的，母亲的教导尤为重要。有些女性讲述了使她们变得更加坚强的特殊经历，有些女性则讲述了她们是如何不顾父母对自己生活和职业生涯的看法而坚持己见的。在当时的社会背景下，她们作为女孩，与男孩相比，究竟是处于优势还是劣势仍然是一个悬而未决的问题。没有一位女性提到她们经历过与男孩不同的成长轨迹，也没有察觉到任何性别歧视。然而，她们中的几人称她们在孩童时代被当作假小子。

小时候，我喜欢受人关注，也很叛逆。我父亲算是一个非常谦和的人，但当我很淘气的时候，他也会非常严厉地惩罚我。在当时的中国，这是很正常的。要我说的话，我更像一个假小子。我上高中的时候，意志坚定地对我的父母说："我想出国。"起初我们考虑去德国，但我们的邻居中有人去了英国，而且过得不错。我们商量了一下，父母最后说："好吧，如果那是你想做的，那就去做吧。"（J，销售总监）

总结一下受访女性对其家庭背景的描述：大多数女性都是在双职工家庭中长大的；父母双方既有高学历工作者，也有从事体力工作的劳动者；这些女性主要以自己的母亲为榜样，父亲很少被当作榜样，有些父亲甚至不太注重事业发展。

这些女性讲述了她们是如何在自己的家庭中学习某些特质和能力的，比如自律、勤奋、有魄力，以及如何处理权力和金钱。在她们看来，早期与父母长时间或间断性分开，导致她们在幼年时获得了一些额外的特质，如责任心、独立性和毅力，这样的成长状况在上文中已经提到过，这在中国十分常见。综合来看，受访女性提到的大部分特质和能力都受父母影响，也来自与父母分离的经历，而这些特质和能力与她们事业成功高度相关。

家庭状况与女性职业生涯

职业女性的角色和身份

为了探讨一般情况下在家庭中的身份对女性职业生涯的影响,精确地定义家庭的意义和女性所处的不同家庭结构是很重要的。婚姻状况、家长身份和伴侣就业状况等要素,构成了各种家庭组合。有有配偶、有孩子的女性,有单身未婚的女性,也有丧偶或离婚的女性。社会对于某些特定家庭环境的刻板印象对女性在工作场所的表现产生了影响。有家庭的职业女性有不同的身份或角色:她们既是妻子、母亲,又是职业女性。是否能够有效整合这些身份并在角色间转换,是决定她们能否获得事业成功的关键之一。霍尔提出了一个理论,将人们参与各种社会角色和发展各种身份的方式进行了概念化。他认为,事业成功只有在管理者对自己的职业生涯进行投资并优先考虑其职场角色时才能真正实现。女性比男性面临更多的角色挑战,家庭的支持是至关重要的。

根据西方的一项研究,在企业中,女性在达到生育年龄后通常会成为母亲,她们至少会在短期内离开公司,不能频繁地出差,更多地因家庭原因而缺席工作。结果是,在招聘或决定晋升时,雇主往往从一开始就更偏爱男性,因为他们认为女性随时会生育。因此,在西方文化中,为人父母似乎对男性和女性的事业产生了相反的影响。一般来说,一个男人越成功,他结婚生子的可能性就越大。女性则恰恰相反。有孩子的职业女性需要遵守社会规范,即一个好母亲需要花更多时间陪伴孩子。这些规范在不同的文化中有所不同。来自西方的研究表明,在大多数母亲看来,养育孩子等同于母亲的无私奉献和情感上的联结。此外,工作和家庭在争夺女性的时间,女性加班往往被认为是工作夺走了女性的家庭时间。在许多研究中,在职母亲说,她们对孩子和工作都感到内疚。

在中国,家庭和工作是相互依赖的。在崇尚集体主义的社会背景下,人们认为良好的事业发展对于家庭经济安全有保障作用。因此,工作与家庭的界限在中国比在西方更模糊。

在有孩子和没有孩子的情况下追求事业

西方研究发现，担任高级管理职务的女性更有可能选择保持单身和无子女，以避免面对来自家庭和事业的双重需求。2013年德国的一项研究发现，20%的女性经理是单身，71%的女性经理没有孩子。在瑞士的一项研究中，单身女性经理的比例高达三分之一。这一现象最近成为中国讨论的话题，在中国，"剩女"很常见。职业女性往往指那些将自己的生活重心放在工作上的女性，她们不会像很多女性那样在年轻时结婚，在25岁左右成为母亲。

相关研究表明，已婚女性需要比单身女性做更多的家务。此外，有孩子的女性在职场上可能被视为能力不足，薪资水平也不如没有孩子的女性，这种现象被称为"母亲惩罚"。这实际上是强迫职业女性"要么选择孩子，要么选择工作"。造成这种惩罚的原因是多方面的，其中产假的影响特别大。在一项研究中，70%的参与者反馈，产假对她们的职业生涯产生了负面影响，30%的人说，她们因此无法充分利用应有的时间。

前面我们提到过一项针对中国各大城市理想女性的研究，这项研究的结果与上述发现背道而驰。接受调研的940名男性和女性中，大部分人的榜样或理想伴侣是事业成功的母亲（《中国日报》，2001）。

综上所述，根据西方的各种研究，如果母亲们不能很好地将母亲角色与管理者的角色相结合，那么比起单身女性，她们会处于职业发展的劣势。与此相反，有孩子的职业女性却符合中国大城市许多人的理想状态。

工作与家庭相结合的利弊

西方的研究表明，管理岗位上的女性必须不断地在工作和家庭需求之间取得平衡。对许多夫妻来说，家庭和事业之间的冲突是造成家庭矛盾的一个重要原因。在中国，家庭对女性的期望和要求也更高。尽管如此，关于这一话题的一些研究表明，中国男性和女性对自己工作负荷的看法并没有什么不同。

不同国家的女性在履行家庭责任上花费的时间有所不同，在工作上投入的时间也因此不同。女性经常为了生孩子和带孩子而休假。这通常会导致雇主对女性产生偏见。调查发现，女性拥有的孩子越多，她们的伴侣受教育程度越高，她们投入工作的时间就越少。对女性而言，能有多大的自由度往往取决于她们的家庭状况。与女性相比，男性的职业生涯受到家庭的影响较小。

在公司的有偿工作和在家中的无偿工作具有互惠效应。冲突通常发生在女性别无选择、必须同时兼顾二者的时候。情感和心理上的压力来自相互竞争的家庭需求和工作需求，以及无法完全满足两种需求而产生的持续的内疚感。然而，被夹在不同角色之间也会有积极的影响，例如会培养出更强的处理复杂问题的能力，获得更多的社会支持或更强的心理承受力。当工作和家庭能够高度结合时，职场角色和家庭角色似乎是相辅相成的。一项研究表明，对于中国和拉美的管理者来说，结婚生子都与更高的工作满意度和心理幸福感直接相关。而金的研究则得到了完全不同的结果。他的研究描绘了传统的理想女性形象，即贤妻良母。在他看来，许多女性仍然强烈认同这一形象，而她们的丈夫更关心自己的工作。因此，女性选择弹性时间工作是为了能够履行她们的家庭责任。此外，许多女性在做出选择时也非常重视工作的安全性。

由此可见，成为母亲会对女性职业生涯产生消极影响，但同时也有积极方面。然而，这些积极方面能否实现很大程度上取决于社会传统、家庭支持、女性的自我认同和为满足家庭和工作两方面需求所选择的策略。

◆ 上海女性职业生涯研究室研究结果 ◆

以上研究（无论是来自西方的研究还是来自中国的视角）探讨了母亲身份以及平衡不同角色需求给女性职业生涯带来的影响和挑战。在采访中，受访者需要回答成为母亲对她们的事业有什么影响，或者，没有孩子的女性认为母亲身份对身为母亲的女性有什么影响。

该研究群体中的大多数女性已婚（89%），与伴侣生活在一起，并有孩子（74%）。其中19名女性有1个孩子，7名女性有2个孩子。这意味着，在这群高管中，母亲的比例高于来自西方的其他研究。在有孩子的受访女性中，约70%的女性与父母或公婆住在一起或住得很近。26%的研究对象没有孩子。其中3名没有孩子的女性表达了想要孩子的愿望，并计划在未来这样做。35名女性中只有4人单身，独自生活，没有孩子。在这项研究中，单身女性的比例为11%，低于许多有关女性高管的国际研究中的比例。

有孩子和没有孩子的女性都阐述了她们对母亲身份的看法及其对职业生涯的影响。事业成功与否的一个关键是，女性是否能够将她们作为职业女性和母亲的不同身份结合起来。大多数职业规划专家表示，只有重视管理角色的管理者才有可能获得职业生涯上的成功，这意味着女性比男性面临的挑战更大。大部分受访女性表示，她们把工作视为自己的核心任务，并不需要一直陪在孩子身边，但她们认同自己作为母亲的角色。一些女性则说，她们过于重视工作，导致对孩子陪伴的缺失，这使她们与孩子的关系受到影响。对于上海女性职业生涯研究室的女性高管来说，女性追求事业、投入自己的工作是很正常的。她们经常不在家，甚至长时间不在家。据她们说，在中国家庭中，照顾孩子不仅仅是母亲的责任，尤其在传统的独生子女家庭中，照顾孩子是整个家庭的责任。在中国，没有人要求母亲必须亲自照顾家庭，当她们工作的时候，家人的支持开始发挥作用，来自家庭外部的朋友也会支持。

> 我喜欢工作，不喜欢料理家里的一切。我也意识到我的孩子不仅仅是我的孩子，她属于整个家庭，每个人都拥有她，她不是我的个人财产，所以我开始拜托我的家人帮我带孩子。慢慢地，我不用再去关

心一些家庭琐事，这些事情我都交给家人来处理。我的公公婆婆在日常生活中几乎负责我孩子的一切事务，包括孩子的学习。（L，人力资源总监）

我经常出差，我不是那种每天都能准时到家的人，也不会每天陪我女儿学习。这不是我的生活。但我觉得我找到了工作与生活上的平衡。我与孩子的关系也还不错，至少她能够理解我。我想我是她的一个很好的榜样，因为工作时我会非常努力，非常专注。实际上她也很独立，我认为这样很好。她从不抱怨，从不怪我不陪她。她挺喜欢这种状态的。当然，我的丈夫会辅导她学习，因为他在这方面比我强。我妈妈在家务方面帮我，比如做饭之类的。我觉得我很幸运，能够得到家人的支持，好像每个人在家里都有自己的工作。我从来不觉得自己的工作与生活无法平衡。（A，人力资源总监）

就我个人而言，我不喜欢传统的或者说现在社会上的大量中国母亲，她们把孩子的成功等同于自己的成功。我也希望我的儿子是最优秀的，但如果他做不到，我不会认为那是我的失败。我是我，儿子是儿子。我的成功只属于我。一些中国父母认为，如果他们的儿子不优秀，他们的整个人生就不值得。我不这么认为。（K，人力资源总监）

关于母亲身份对职业生涯的影响，受访女性有两种基本观点：母亲的身份会改变一个人的优先考虑事项，以及母亲的身份通常会使女性的职业发展脚步放缓。只有3名女性表示，她们并不认为母亲的身份会对她们的职业生涯造成任何影响。

我觉得基本上差不多，没什么太大变化，孩子从来不是我做任何事的障碍。（M，首席财务官）

许多受访女性指出，作为一名母亲和职业女性，她们有责任在这两个方面实现个人平衡。这必然涉及牺牲或权衡，因为不可能找到一个兼顾一切的完美办法。她们注意到，成为母亲的女性在权衡轻重缓急事项时会与之前有所不同：孩子成为许多女性产后生活的焦点。一些女性积极地看待这一新的优先事项，同时得出这样的结论：母亲请假停工可能是以职业生涯为代价做出的选择，而职业规划很难与母亲的身份相结合。特别值得一提的是，有些管理岗位要求女性长时间出差，这被视为高管母亲所要面对的主要挑战。在这一点上，这些女性的回答与已有研究相符，这些研究将超长的工作时间和商旅出差描述为一种"权衡"。许多女性专注于自己的职业发展，并接受了经常离家在外的这种"权衡"。

> 我不认为这（成为母亲）影响了我的事业，它只是影响了我做判断的优先级。从本质上讲，我认为我的女儿比任何事情都重要。当然，当我做职业生涯决策的时候，我会选择一些不那么忙的工作。（M，人力资源总监）

一些女性反思了她们强烈的事业心对亲子关系的影响。一些孩子已经和他们的祖父母或父亲建立了更牢固的关系。

> 实际上，我的丈夫会花更多时间陪儿子。我有时候需要出差两个星期，所以我儿子不得不和保姆阿姨睡觉。他在3岁之前就已经习惯有保姆阿姨陪了，因为我不能保证每天晚上都回家。坦白说，我的丈夫因为工作性质，有更多时间陪儿子。我儿子和我丈夫更亲近。（K，人力资源总监）

还有一些女性则讲述了做母亲的积极影响，比如这种经历所带来的个人成长。根据这些女性的经验,她们作为母亲的体验带给了她们一些优势,比如具有耐心、同情心和处理冲突的能力。这些优势对女性的领导风格产生了积极影响。

> 成为母亲没怎么对我的事业产生影响。有了孩子以后,我的性格发生了变化,我的同事反馈,我变得比以前更有耐心了。我改变了很多,很少再与人发生冲突,遇到让自己不开心的事情,会想,算了吧。(Z,首席财务官)

受访女性还提到,在组织里,母亲们获得了很多尊重,也得到了同事的支持。这与很多研究描述的状况——母亲们总是被认为缺乏工作能力,也没有获得足够的支持——并不相符。

大多数受访女性认为,为人母使她们放缓了职业发展的脚步。受访者提到,单身女性更容易追求事业,因为她们的时间安排更灵活,可以经常出差,而且能够自由前往世界各地。这说明"母亲惩罚"的现象也发生在这一群体中,然而,这种惩罚对她们职业生涯的影响是有限的。显然,这些女性没有将其描述为职业发展道路上的障碍。她们提到了为人母带来的职业发展脚步的放缓,但紧跟其后的便是进一步的职业发展。如果女性得到来自家庭的大力支持,尤其是在照顾幼儿方面,那么女性很快就能重新集中精力回归工作。

> 就像在高速公路上,我踩了一下刹车,速度会稍微慢一点儿,但现在我又回来了。(H,副总裁)

> 发展速度是会减慢一些,但说不上有什么太大影响。我喜欢观察其他人,我想很多成功女性的背后都有一个出色的家庭来照顾她们的孩子,我相信,她们在生下一个孩子的时候,在职业生涯的某个阶段

总会慢下来一点儿。我还挺享受这个慢下来的过程。(C,人力资源总监)

受访女性们列举了以下几个例子,解释母亲身份为何使她们的职业发展脚步放缓。

- 花了更长的时间才进入职业生涯的下一个阶段。
- 自己怀孕的时候,同事们已经升职了。
- 出差太多。在某些情况下,这会导致女性辞职或换工作。
- 无法更换工作地点,例如孩子在某地上学或是只有在特定地区才能得到家人的支持。
- 不得不放弃海外职位。

有趣的是,这些例子逐渐远离了受访女性的自身经历,扩大到了整个女性群体,受访女性从主管或人力资源经理的角度给出了反馈。她们认为,产假期间的缺勤会对女性产生特别负面的影响,女性的升职也因此受到阻碍。在中国,在法律保护下,母乳喂养期为一年。女性们表示,产后休一整年的假对她们的职业生涯来说是一个很大的障碍。没有任何一名受访女性休完了全部的产假。然而,短一点儿的产假显然也会带来不利。

我有一个很棒的公司和很棒的老板,获得了很多支持。我的老板常说"家庭第一""现在是你最需要家人的时候"……但在大多数情况下,老板只是把员工当作员工来对待。如果你休很长时间的产假,老板会给你很多压力,当你回归工作的时候,可能会失去原来的岗位。(L,人力资源总监)

受访女性反馈，对于那些还没有孩子或刚结婚不久的女性来说，仅仅是休假的可能性就会给她们的职业生涯带来限制。雇主在招聘或做晋升决定时，经常会把怀孕的可能性作为一个考量因素。从事人力资源工作的受访者对于这一点的经验尤其丰富，因为她们每天都要与女性职员打交道。根据这些女性的说法，怀孕对女性职业生涯影响程度的大小很大部分取决于公司文化和老板。受访女性同时给出了正面和负面的例子。一位有两个孩子的女性说："如果我没有孩子，可以得到晋升。"另外一名女性在生完第二个孩子后暂时选择兼职工作。相比之下，有一位女性在怀孕期间升职，而此时她已经育有一个年幼的孩子。虽然大多数接受采访的高级管理人员都有孩子，但在跨国公司，怀孕通常被视为女性的劣势。一些女性说，在中国经济体制改革和国有企业改革之前，人们对怀孕的看法并不那么苛刻。

总之，受访女性（只有少数例外）认为母亲的身份会使女性的职业发展脚步放缓。女性员工之所以处于不利地位，通常是因为她们处于生育年龄。一些女性称自己也经历过怀孕带来的负面影响，但这些负面影响只是"推迟"而非"限制"了她们的职业生涯发展，只要平衡好家庭和工作，职业生涯仍可以有良好发展。个人对自身不同角色融合的态度、与实际事务的互动以及育儿方式的安排决定了事业能否成功。

中国女性高管的育儿模式

不同的国家对于多重角色的平衡有着不同的看法。在德国和美国等非常注重母亲角色的国家，照顾孩子仍然是女性的主要职责。托儿中心要么很少，要么不按照职业女性需要的时间来运作。祖父母更多是过自己的生活，只会暂时帮一下忙。一些北欧国家有比较先进的托儿机构，让年幼的孩子长时间待在日托中心的方案更受欢迎。而在德国，母亲们仍然担心来自社会的压力，不敢让年幼的孩子去托儿所，因此女性往往决定在生育后中断职业生涯，完全专注于家庭。在大多数西方国家，保姆或家庭帮佣通常都很昂贵，需要用掉女性的绝大部分工资。最重要的是，这些帮佣在工作时间和工作内容方面往往不太灵活。我们可以得出这样的结论：在那些非常注重母亲角色的国家，祖父母不愿意全职抚养孙辈，外部托儿服务也不发达，当女性想要将管理工作和家庭生活结合起来时，会遇到很多困难。

相比之下，在中国，祖父母在照顾孩子方面起着关键作用。由于中国女性就业率高，加之鲜有兼职工作模式，祖父母是育儿链中最重要的一环。这不仅反映了父母和孩子之间的紧密联系，也反映了中国重视家庭甚于个人的文化特点。祖父母照看孩子是一种家庭策略，旨在通过减少母亲的负担来支持整个家庭的幸福，而母亲反过来又在经济上支持家庭。祖父母或住在双职工子女的家里，或住在他们附近。中国人口流动频繁，其结果之一是，祖父母通常暂时是孙辈的主要监护人，因为父母把孩子留给了祖父母。2004年的一项研究发现，45%的祖父母和他们的孙辈住在一起。这一现象也反映了社会对长期与孩子分开生活的职业母亲的接受程度。与过去不同的是，不再只有丈夫的父母在抚养孙辈方面起到关键作用，外公外婆的参与程度可能和爷爷奶奶一样高。

有关代沟冲突的研究表明，虽然中国的代沟冲突比其他国家多，但祖父母对家庭的支持也多。然而，没有研究能够精确衡量这种支持的程度。目前尚不清楚祖父母能够减轻职业女性的多少负担，而职业女性在很大程度上必须为家庭（包括祖父母）履行某些日常职责。

女性高管的另一个支持来源是家政人员（阿姨）。她们在中国主要城市的劳动力市场上占有相当大的份额。尽管家政人员工资上涨了，中等收入和高收入家庭仍然雇得起全职阿姨。在大城市，阿姨每周有6天固定的工作时间，平均月薪为6000元人民币。阿姨会做所有的家务，也会照顾小孩。此外，家庭教师也经常被雇佣来监督年龄较大的孩子学习，或者也有孩子在课后被送到辅导老师那里。全日制学校和寄宿学校是中国母亲能够拥有全职工作的第三个关键因素。然而，祖父母抚养孙辈仍然是中国的经典育儿模式，在社会中根深蒂固。

◆ 上海女性职业生涯研究室研究结果 ◆

在被问及如何为自己的孩子安排托儿服务以及过去人们怎么做时，上海女性职业生涯研究室的女性明确表示，由于中国的文化和社会传统，以工作为重心的中国女性在这方面得到了大力支持。家庭支持女性的事业心，并想尽办法确保她们能够完全专注于自己的事业。

> 女性比男性的地位更高，尤其是在家里。（A，副总裁）

有些女性得到了整个家庭系统中所有成员的支持。家庭系统由家庭核心人员组成，包括孩子、父母、祖父母以及外祖父母。一般来说，妻子会把孩子交给母亲或婆婆照顾，在家休息一段时间后就会回去工作。由于女性的退休年龄平均为55岁，许多祖母或外祖母在退休后就会立刻承担起这第二份"工作"。

因此，对于大多数研究参与者来说，不仅仅是她们的丈夫在家庭中起重要作用，双方的父母也都扮演着重要的角色。

> 她现在58岁，是一个非常勤劳的女人。她照顾我、我的丈夫和我的孩子。她能安排好一切事务。有时我觉得我也要做点儿什么，所以我会买一些东西孝敬她，然而她从不主动向我索要任何东西。（L，人力资源总监）

就育儿问题接受采访的女性都有一到两个孩子，她们都认为自己的家庭环境非常好。这些女性能够利用家庭和外部援助来处理家务和照顾孩子，通常雇一个阿姨做家务，给祖父母提供帮助，祖父母则负责照顾年幼的孩子，并监督阿姨的家务劳动。一些特殊情况下，阿姨会通宵照顾孩子，这样妈妈们就可以拥有良好的睡眠。一些女性还反馈，在她们过去工作的国企里，儿童保育设施完全能够配合女性的工作时间。

中国家庭育儿结构

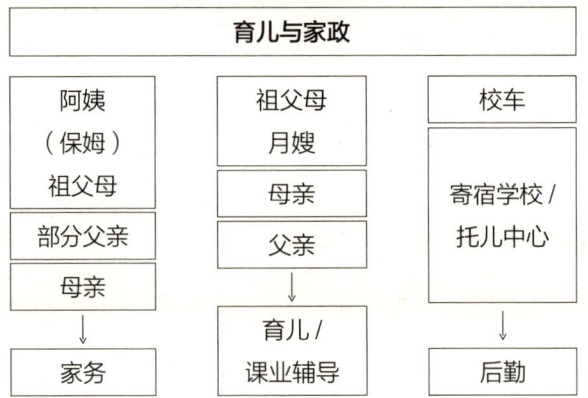

几位只育有一个孩子的女性称，她们完全不做家务。然而，她们被要求给年龄较大的孩子辅导家庭作业。一位曾在德国居住过的女性称，在中国，帮助孩子完成家庭作业需要更多的时间。

我在家里不用做什么事。我一回到家，就和儿子一起玩、讨论或阅读。我不太为家庭付出，如果我想要更多的自由，会找个全职月嫂还有清洁保姆帮忙。每天我母亲都会帮我处理一些日常小事，你知道中国的老一辈女性，她们真的非常出色，一心照顾孩子。我的丈夫总的来说很不错，周末的时候我喜欢看书和喝咖啡，他则陪孩子玩。所以理论上，只要我想，我完全可以从一切家庭事务中解脱出来，但我也不想这样做。我之所以生养孩子，是因为我想全心全意爱我的孩子。下班回家后，我比较想和孩子独处，这样我就可以亲自照顾孩子，换尿布、喂奶、哄他睡觉，我坚持让他睡在我的房间，而不是跟保姆睡。（M，首席财务官）

与此相对的是，文化背景各异的夫妇和在国外生活了很长一段时间的中国夫妇很少用到这样的外部援助，并且这些夫妇中的女性承担了很多家务和照顾孩子的责任。可以看到，在这些情况下，其他文化的影响改变了母亲的角色和职责。这些女性反馈，尽量不依靠长辈的决定是夫妻共同做出的。其中，3名女性曾居住在德国，1名嫁给了美国人。她们认为自己和丈夫在孩子的成长过程中扮演着更为重要的角色，母亲应该亲自照顾孩子，而不是寻求孩子祖父母的帮助。

许多受访女性提到，孩子不可能完全交由他人抚养，有些责任必须自己承担。有的女性晚上会花很多时间帮助孩子做家庭作业，晚上9点或10点之后再回复自己的商业邮件。还有一些女性选择只将一小部分抚养孩子的事务交给孩子祖父母或阿姨。据她们观察，那些不是由父母亲自抚养长大的孩子往往成长得不太好。一位女性说，她年迈的父母和公婆与她儿子沟通时说不同的方言，这使得孩子的语言能力不太理想。

我也看到了由祖父母和父母抚养长大的孩子的不同之处。孩子们确实不太一样。要我说，由父母亲自抚养长大的孩子受教育程度更高。（Z，信息技术总监）

我认为我的公公婆婆不能很好地教育孩子。他们在照顾孩子方面做得很好，把他喂得很好，也收拾得很干净，所有这些日常事务他们都做得非常好，但我觉得我的孩子很孤单，因为我家住在八楼，也没有电梯，我的婆婆说，她不可能把我的儿子带下楼去和其他孩子交流。所以我的儿子很孤僻,很胆小,害怕很多东西,甚至连蚂蚁都害怕。我们家里说着几种不同的方言,这也给他带来了很多困扰,他不敢说话,所以我很担心。我丈夫在一家国企工作,他们公司有一家托儿所,托儿所会收留一周岁以上的孩子,所以最后我们决定把他送到那里去。(G,客服总监)

上海女性职业生涯研究室中的所有母亲都非常重视育儿。总的来说,可以分为以下几种情况:曾经在外国生活过或有外国丈夫的女性认为自己要承担更多的家庭义务;育有两个孩子的女性面临挑战,压力会大一些;大多数女性表示,她们在照顾孩子或做家务方面没有遇到任何问题,因为这些事务几乎完全由长辈和阿姨来承担,她们得到了足够的支持,可以全身心地投入工作。

中国丈夫对高管妻子的态度

另一个对女性职业生涯有影响的非常重要的方面是丈夫对妻子事业的态度。亚洲女性在管理岗位上非常注重与他人的相处以及创造和谐的环境,这两者都反映了集体主义的价值观。丈夫的态度在这些女性眼中有着举足轻重的地位。对婚姻关系的研究表明,职业女性面临的最大问题之一是缺乏丈夫的支持。许多西方研究显示,职业男性倾向于寻找那些地位在他们之下的女性作为自己的妻子。一个比丈夫更成功的妻子会有损丈夫的高大形象。此外,女性的工作情况似乎只会对夫妻之间家务和育儿的分配产生有限的影响。在女性以母亲和家庭主妇角色为主导的西方文化中,女性占有的家庭收入的比例通常不会对她们的丈夫在家做多少家务产生影响。

中国夫妇传统上是按照"一家两制"的方案共同选择工作的。丈夫可以根据自己的能力更灵活地选择工作,承担更多的风险。一项研究发现，年轻的参与者在职业选择或工作性质偏好等方面没有任何性别差异。然而，随着年龄增长，女性表现出了对职业安全性的偏好。因此，相比私企的职位，她们更喜欢国企的职位，因为国企提供了稳定的工作保障和晋升机会。2008年的一项研究显示了中国的职业女性是如何描述自己的丈夫的。在男权社会的背景下，人们认为女性的成功会对她们的丈夫构成威胁。然而，在这项研究中，这些女性将她们的丈夫描述为她们最大的"粉丝"和导师。她们的丈夫承担了大量的家务，给予妻子情感上的支持和鼓励，自尊自信，平等地对待妻子。他们并不像其他研究所说的那样因妻子事业成功而感到威胁，而是很乐意看到妻子得到更高的职位。在这些婚姻中，夫妻双方共同成长，互相体谅，协商解决问题。女性表达了对丈夫支持的感激之情，她们认为这种支持对婚姻的长期存续至关重要。

◆ 上海女性职业生涯研究室研究结果 ◆

职业女性面对的最大问题之一就是缺少伴侣的支持，这里指的是在家务、抚养孩子以及情感方面的实际帮助。在介绍受访女性的反馈之前，首先介绍一下受访女性群体中存在的丈夫类型：

1. 拥有高级管理职位（总经理、总裁、公司老板等，7）
2. 有一份普通的工作，有固定的工作时间，没有工作负担（21）
3. 做兼职或是自由职业者（顾问、建筑师，3）
4. 没有工作（4）

其中5人拥有外国国籍，5人是在国外生活了很长时间的中国男性。

在男权背景下，我们可能会认为中国丈夫不太可能支持他们的妻子，或者会因为妻子事业成功而感受到威胁。事实证明，情况并非如此。相反，大多数受访女性称她们的丈夫非常支持她们的事业。

以下是这些丈夫对女性事业发展的态度：

- 支持妻子的事业
- 虽然会有矛盾，但是最后会遵从妻子的意愿
- 鼓励妻子/向妻子提供建议
- 理解妻子的压力
- 不想让妻子妥协
- 想看到妻子快乐

实际上他鼓励我工作。一些丈夫会说，我需要你给予家庭和孩子充分关注。他不是这样，他真的认为我需要与更多人保持联系。我们很有共同语言。我会和他讨论我遇到的一些挑战，他会给我一些建议。这对我很有帮助。（A，法务总监）

受访女性描述了两种不同类型的丈夫：一种是事业心很强的丈夫，另一种是专注于家庭、对自己的事业没有野心的丈夫。在这项研究中，后者占大多数。那些事业心没么强的丈夫在保姆和长辈的支持下，在家中承担了一部分事务，在孩子的成长过程中也扮演着特别重要的角色。

实际上我的丈夫很支持我。他不是一个事业心很强的人，更喜欢自由工作。他平时的工作是财务顾问，会抽出时间来照顾孩子，他有很多空闲时间。在我们有阿姨之前，他做的事情比我多得多，做饭、买菜、购物，等等。他会开车，这些对他来说比较容易。当我问他我是否应该为了工作去香港或是出国的时候，他总是表示支持。我们当然也会讨论一些基本的决定，他通常尊重我的意见。（A，副总裁）

我和我丈夫谈过这个（大笑）。他在家里待了3年。当我收到A

公司的录用书时，我们讨论了这个问题，因为我们中得有一个人为了孩子待在家里。在中国，把孩子带到祖父母家是很常见的，但他的父母已经去世了。我的父母已经把我照顾得够好了，我不想再让我们的儿子麻烦他们，也不想再雇一个阿姨。所以我们其中一个必须留在家里。（J，总经理）

丈夫进取心不够强的女性对丈夫缺乏职业抱负表示遗憾。她们说，只有在面对婚姻中的各种问题时，特别是在有了孩子之后，她们才看到了这种角色分配的优势。受访女性对丈夫的常见描述包括"没有野心""懒惰"或"我需要逼他"。女性们自己似乎也有一些老套的想法，希望能重塑丈夫的职业生涯。

> 他是一个从不考虑未来的人，只考虑今天，甚至对今天也没有计划。他非常平和，不咄咄逼人。他的工作很普通，我的意思是，他是个务实派。他管理着一家工厂，负责生产，每天八点半开始工作，五点半到家，几乎每天都一样，除非他出差。（L，人力资源总监）

> 我丈夫与我刚好相反，但我给了他动力。我说："我不指望你有多成功，但你必须和我做到一个层级。我们必须平等。"（J，人力资源总监）

在这个研究小组中，只有少数女性嫁给了事业心同样强的男性。即使是事业心比较强的丈夫，也会在情感上支持妻子的工作，给妻子提供建议和鼓励。拥有自己事业的男性同时承担着父亲的职责，比如陪孩子进行体育活动等。他们中的大多数人不做任何家务，因为这些家务是由阿姨、长辈或他们的妻子承担的。上海女性职业生涯研究室的大多数女性都比她们的丈夫挣得多。然而，这并不是受访女性主动提及的。当被问及这个问题时，她们只给出了非常简短的评论，也没有说明自己的伴侣对收入差距的看法。没有迹象表明，这些女性会特地选择那些不注重工作的男性作为自己的丈夫。这些女性说，她们与丈夫一开始基本是平等的，之后才出现家庭角色分配。一名女性的丈夫是外国人且是自由职业者，她说，在选择伴侣时，丈夫的事业心是一个次要问题，不过，丈夫的自由职业者身份使他们的家庭事务安排非常灵活，这也是她事业成功的重要因素之一。在接受采访的时候，这位女性正怀着她的第二个孩子，她在怀孕时升职了。

令人意外的是，受访者中无人批评丈夫或认为丈夫阻碍了她们的事业发展，只有两位提到和丈夫就抚养孩子的问题偶尔会发生冲突，而她们的丈夫本身就是高管。这两位丈夫被形容为不太注重家庭：不太关心孩子的成长和家庭管理。

> 诚实地说，这（兼顾事业和家庭）是我一直在努力做到的事情。他的工作很忙，经常出差，很难把更多的注意力放在孩子身上。我认为中国男性一般在周末的时候会履行他们在家庭中的义务，而我丈夫有时会打高尔夫，半天就过去了。孩子们已经习惯了一有事情就给妈妈打电话，我对此很不高兴。我正在调整自己，他也有所察觉，也会和我讨论周末的安排。我会尽量让他待在家里或参加孩子们的活动。
> （A，法务总监）

一位来自外国、事业心较强的丈夫在他的妻子生下第二个孩子后说服她去做兼职。这位女性说，起初她并不认为这是她该做出的选择，但最终她发现丈夫的干预是一种积极的关怀行为，目的是保护她免于承受太大的工作压力。

> 这是个有趣的问题。做兼职的决定是他逼我做出的。如果不是因

为他，我想我不会这么快做出决定。他非常担心我的工作量太大，我能够理解，我不认为他是在把我推入我不想要的境地。（H，副总裁）

家庭冲突通常发生在出差时，出差经常会让受访者离开家庭。但在这一点上，这些女性反馈，她们的丈夫有很高的忍耐度，因为她们经常不在丈夫身边。

在中国，你可以让男人为你做饭。在德国，这种情况并不常见。（M，首席财务官）

总之，在上海女性职业生涯研究室，丈夫在很大程度上可以被视为女性职业生涯发展的一个积极因素，但夫妻冲突同样存在，而这些冲突并不能完全被强有力的家庭支持网络化解，需要良好的沟通。

辅导对女性职业生涯的影响

各种研究人员都提出过这样一个问题：辅导对女性职业生涯有何重要性？在女性管理者仍然是少数群体并面临性别挑战的背景下，职业生涯辅导和建立人际网络是极有价值的职业发展策略。一项关于辅导的研究认为，辅导对男性很重要，但对女性可能更为重要。

"导师（Mentor）"这个词可以追溯到古希腊，它形容了一个年轻的成年人和一个年长的、更有经验的人之间的关系。本书中，导师指的是经验丰富、工作富有成效的管理者，与经验较少的员工关系良好，并为员工的个人发展提供便利，以造福组织和个人。导师的级别通常比学员高，年龄也比学员大。这种关系可以由任何一方发起，通常是长期的，双方都做出了郑重的情感承诺。导师可以与学员属于同一个组织，也可以来自公司外部。与导师的关系经常被认为是一个人职业生涯早期最重要的经历。导师不仅是学员学习的榜样,而且在帮助学员建立自信和认同工作方面扮演着核心角色。虽然辅导有许多不同的定义,但大家一致认为,辅导包括两个关键要素:职业发展和社会心理支持。辅导的职业发展功能包括提携、保护和提供具有挑战性的工作任务等。社会心理支持包括鼓励、友谊、建议和反馈等。接受辅导的好处也可以分为两种:一种是客观上的职业成功,比如晋升和加薪等;一种是对个人的持久影响,如提升职业满意度等。

正式的辅导区别于非正式的、传统的指导。前者不那么普遍,但最近被越来越多的公司重视。在非正式的、传统的指导中,导师选择一个学员,通常是为了培养他的个人才能,使他脱颖而出。由公司发起和协调的正式辅导计划的目的是培养新员工或特定群体的人才,这些群体可以包括女性管理者。这些正式的课程通常有更结构化的时间框架和内容,导师和学员通常由组织安排在一起。接受辅导总体上有助于职业发展,而非正式辅导比正式辅导对职业发展的影响更大、效果更显著。最新的辅导形式被称为电子辅导,主要通过电子邮件进行,克服了组织和地域的限制,尤其能够让女性接触到各种各样的导师。由于女性在管理上面临一些障碍,辅导被认为是女性职业发展的一个特别关键的因素。有几项研究着重探讨了辅导中的性别差异。如果不将职业发展和社会心理支持这两方面分开看,情况就会非常复杂。一些研究没有显示出性别上的差异,一些研究则表明,在职业发展方面,女性会受到更多积极的影响,尤其是在市场营销意识培养和人际网络建立方面。而在社会心理支持方面,辅导可能会对女性的职业生涯发展产生消极影响。

◆ 上海女性职业生涯研究室研究结果 ◆

辅导是中国女性的机会

当被问及在自己的职业生涯中担任导师或接受辅导的好处时,受访女性提到了不同类型的导师,有由公司正式任命的导师,也有非正式导师。正式的指导方案是有针对性的方案,通常专门针对职业女性。然而,研究小组中只有少数人（3名女性）提到了正式的辅导。

> 我们公司鼓励导师文化。人力资源部将一名员工分配给我，因为他们觉得他和我的岗位职责比较相关，我便成为这名员工的导师。我们在一起工作了大约一年，整个过程挺不错的，他最近离职，自己开了公司。（T，总经理）

24名女性提到，在没有任何正式课程的情况下，她们有过非正式的导师，其中一些导师和这些女性在同一家公司工作。11名女性主动介绍了多位曾为她们提供指导的人，这些人大多是老板，有的是外国老板，有的是女老板，也有朋友、老同事以及猎头。一位女士称她的丈夫是她的导师。

这些女性积极主动地寻找导师。在选择导师时，个性、导师的专业知识水平以及在组织中的层级是主要标准。

> 非正式的导师我有好几个。我有很多朋友来自我以前工作的公司，有时我会和他们讨论一些问题，甚至当我考虑换新工作时，也会和他们讨论，但是我们没有正式的辅导关系。我想你身边应该也有这样的人，可能是你的朋友，可能是你以前的同事，我觉得身边能有这样几个人是很好的。（H，副总裁）

这些女性还提到了"提携者"一词。理想情况下，提携者一般来自公司总部，并且岗位级别要尽可能地高。"提携者"和"导师"这两个词在某些方面几乎是同义词。

> 当我进入这家公司的时候，我参加了4轮面试。最后一位面试官

是亚太区首席执行官，一位60岁的法国人，在公司干了35年。他是公司的全球五大决策者之一。面试之后，他很喜欢我。他说："我们需要一位适合管理中国业务的女士。"在过去4年的每一次人才讨论中，他都是亚太地区的决策者。他会说："A是个很好的人才，我们在她身上投资吧。"名义上他不是我的导师，但在做关键决策时，他总是支持我。（A，副总裁）

由于只有少数女性拥有正式的辅导关系，问题就出现了：她们是如何积极地找到了导师，或者导师是如何找到了她们呢？研究小组的女性意识到，一段正常的辅导和支持关系可能会给她们的职业生涯带来诸多好处。她们讲述了自己当时如何积极地考虑谁应该成为自己的导师，如何找到导师，以及这种关系对她们未来职业生涯的积极影响。

当时我脑子里有一件事非常清楚，就是我需要一个导师，一位在巴黎的导师。她得尊重中国女性，并获得几乎所有人的称赞。我决定找一位女性教练，因为我现在的老板是女性。我想为女性寻找机会，因为我是个女人。有时候我和导师的表达方式不同，我们的思维方式也有差异，但她确实帮了我很多……（A，副总裁）

3位女性对正式的辅导关系以及她们所体验到的益处进行了阐述，但这些关系持续时间较短，而且她们认为这段关系对她们的职业生涯影响有限。在阐述中，她们使用了诸如"无效"和"走走形式"等表达。这些女性都认为，非正式的辅导关系更适合她们。当被问及辅导的好处时，她们称获得了"支持""理解"和"鼓励"。辅导帮助她们克服了许多困难，或是帮助她们在自己不喜欢的岗位上坚持下去，然后在职业生涯中继续前进。其他一些益处包括帮助她们尝试新的方法或走出自己的舒适区。

我觉得他们可以给你一些非常重要的建议，让你避免不必要的担心或顾虑……如果你正忙于一些不重要的事情，他们会告诉你什么是真正重要的事情。而且，当你面临巨大的挑战时，导师会鼓励你，因为他们可以站在你的角度看得更远。他们会说："这没什么大不了的，你能克服它。"你就会变得更好，变得更强。（V，总经理）

每次我回顾过去的时候，总会发现一些"惊叹时刻"，这些时刻存在于我和他们的谈话中，存在于他们和我分享的信息中，存在于我和他们一起反思的时候。我会告诉他们我做了什么，面临的挑战是什么，以及我是如何解决的。他们也和我分享他们相似的经历。我们从这些不同的经历中相互学习。（K，人力资源总监）

受访者还认为，导师在教她们理解文化差异方面扮演着重要角色（例如法国公司的辩论艺术）。受访者反复强调导师是如何帮助她们了解了其他的沟通方式。导师做出的另一项重要贡献是帮助高管们了解公司体系，这在职业早期阶段特别有用。有反馈称，一些特定的支持会促进职业发展，比如晋升到总经理职位。几位受访女性认为，强调辅导对男性和女性同样有益很重要，辅导可以在不同情况下使公司的所有员工受益，而不仅仅是女性。

我有一个非常强烈的观点，我听过很多女性说，即使她们读过关于女性领导力的书，仍然认为女性需要更多辅导和人际网络的支持。我觉得，辅导和人际网络对男性和女性同样重要。我很难理解为什么说这对女性特别重要。如果你想在公司里出人头地，就需要建立人际网络，需要找到适合自己的人。我看不出女性在这个环境里有什么特别的地方。（H，副总裁）

辅导可能带来的风险之一是，学员会过度依赖他们在公司里的导师。一些女性反馈，当她们的导师在公司的职位层级下降时，这种辅导关系对她们是不利的。

很多女性强调了获得提携与事业成功之间的联系。提携者在公司的地位越高，与提携者的关系越好、持续时间越长，女性就越觉得这段关系对她们有益。然而，当公司总部离你很远时，要在公司总部找到提携者非常困难，只有在岗位达到一定的层级或工作需要经常出差去总部时才有可能实现。一位来自一家大型美国公司的受访者表示，仅仅因为她是一名中国女性，她就很难找到提携者，而这种障碍并不存在于民营或国有企业。

互惠同盟

谈到导师时，超过一半的女性提到了支持她们的女性老板。受访女性认为，老板在她们的职业生涯发展中起着核心作用，她们将自己与老板的关系与和父母的关系进行了比较，并将这种关系描述为在中国价值观下不会受到挑战或质疑的关系。受访者向老板表达忠诚，而老板又反过来帮助她们在事业上取得进步。她们与老板长期沟通，甚至当老板回到欧洲或美国的时候这种沟通也会持续。老板的成功通常与她们自己的成功密切相关。这些女性称，上海一些跨国公司的首席执行官、总经理在公司内外都有特别高的威望，他们之所以能吸引员工，一个重要原因是个性有魅力。

> 她是中国人，是我的第一个中国老板。以前我所有的老板都是外国人。她对我说："别犹豫，要不断前进。"后来，我接到通知，她辞职了。她向公司总部提出我是候选人，我就这样继承了她的职位。她也是世界上最有影响力的女性领导人之一，能发现很多机会，行动迅速，很勇敢，有勇气做出艰难的决定。（K，人力资源总监）

> 我的老板是个法国女人，特别圆滑。1994年，她将这个品牌引入中国，在奥运会期间做得非常成功。（A，副总裁）

信任是受访女性与老板关系的核心。在外国老板眼中，中国女性比男性更值得信赖。因此，女性被赋予高度的决策权和责任，即使是在职业生涯的早期阶段。

> 我是他的助手。当他不在的时候，我是整个工厂的总经理，负责采购、运营，甚至销售。（J，总经理）

与其他研究中描述的传统辅导关系不同，本研究中的辅导关系以相互依赖为特征。外国老板们依赖中国的下属，因为这些下属具有中国本地的市场知识、人际网络和语言技能，而这些女性高管需要外国老板帮助她们在企业中晋升，并进入跨国公司的权力中心——总部，进一步发展自己的职业生涯。最适合描述这种辅导关系的词是"互惠同盟"。老板对受访者职业生涯的影响包括三个方面：在公司内部晋升，将受访女性带去另一家公司共同发展事业，以及传授一些对她们的职业发展很重要的技能。晋升的例子包括晋升到总部，从老板手中接过职位，或晋升至国内更高的职位。受访者更换公司的决定往往与她们的老板密切相关。有的受访者讲述了她们是如何追随她们的老板换公司的。有的受访者还提到了跨国公司老板之间关于任命高管职位的协议：在上海的某些行业，公司老板之间的关系非常密切，他们会就如何填补关键职位进行协商。一名女性甚至说，为了跟随老板去另一家公司，她降薪了。

> 我离开A公司的原因是我的老板，我为她工作了9年，她是我真正尊敬的领导，非常聪明。当时她先辞职了，A公司可以说就是她的孩子，但实际上这不是她的公司，而她的梦想是创造属于自己的东西。在获邀成为另一家公司的大项目主管时，我的老板问我："A，你有兴趣和我一起加入那家公司吗？"（A，副总裁）

这些女性反馈称，她们在特殊情况下有得到过特别的支持。一名研究参与者的外国老板给了她休假的机会，让她照顾身患绝症的丈夫，并且不计较这段缺勤，仍然支持她晋升。许多受访者认为老板是自己的榜样，并讲述了老板如何帮助她们提高关键的职业技能水平，从而促进她们的后续发展。辅导关系对女性的另一个重要作用是通过与许多外国老板合作来增强跨文化技能。一名来自人力资源部门的女性高管在一段时间内与6个不同国家的总经理密切合作。受访女性平均与4个不同国籍的老板共事过。

我的第一份工作是在B公司，老实说，我很幸运，因为我遇到了一位好经理。我的第一位销售经理是位女士，她很擅长指导，教了我很多东西，比如如何成为一个好的销售。两年后，我在B公司成为三个产品的销售冠军。（X，业务部门负责人）

我有一个很好的榜样，她以前是大中华区的首席财务官。她来自新加坡，是一位非常娇小的女士。我在香港的时候就认识她了，那已经是十几年前的事了。她现在是C公司大中华区首席财务官。她曾说："其实你不需要在所有方面都比男人强，你只要采用差异化的策略，就能保持自己的强大。"（M，首席财务官）

这些女性的经历表明，正式的辅导关系对她们的职业发展并不是特别重要。大多数女性都从非正式的辅导关系中获益，她们的导师通常是首席执行官级别的老板，而且通常是女上司。这些关系建立在信任和忠诚的基础上。导师在这些女性的职业生涯早期阶段就向她们提供了西方管理技巧方面的建议。作为回报，这些女性用中国的市场知识来支持导师的工作，并在公司内外充当他们的发言人。如果她们的导师离开了公司，她们可能会在公司内部获得升职，或是在其他公司获得更高的职位。没有女性提到在辅导方面存在性别差异。但作为在跨国公司工作的女性，她们似乎更容易取得来自其他国家的男性导师的信任。

人际网络与关系

人际网络是指在组织内外与不同的人建立联系所形成的网络。人们因各种原因结为同盟，以实现个人目标。建立人际网络也被认为是一种微观的政治策略，通过这种策略，组织成员试图从战略上维护和利用他们周围的关系网，以实现自己的利益。根据定义，辅导和提携也是人际网络的表现形式，在这种形式中，双方建立起了一个临时的、不对称的关系，这种关系既是包容性的，也是排他性的。辅导可以提供人际网络方面的支持，良好的人际网络又可以让人更容易地找到导师。人际网络在一个人职业生涯的所有阶段都是有用的，而辅导对于处于职业生涯早期的女性来说帮助更大。通过人际网络建立的关系从较长时间来看都很重要，且不受等级差异的影响。相互施与受是人脉的一个核心方面。人际网络的紧密程度、规模和成分可能各不相同。在一个非常紧密的人际网络中，人们能够团结互助。大型人际网络相比小型网络能够提供更多的资源，但可能会失控，并且小团体之间容易相互竞争。成分复杂的人际网络提供了高度多样化的资源，但由于其成员背景各不相同，可能会有潜在的冲突。

人际网络带来的好处包括获取信息、成员之间的相互帮助以及一定程度的相互监督，同时为个人提供了安全和保护。建立人际网络的风险在于投资成本，主要是时间成本，以及这种投资的不明确性。人际网络的成员之间也可能存在冲突，最终破坏组织共同创造的机会。与性别研究的结果一致，许多与工作相关的人际网络仍然由男性主导，这在管理领域尤为明显。传统上，男性社交网络通常以男性的公共活动为基础，如饮酒或体育运动，女性很难参与其中。20世纪70年代在西方国家进行的研究表明，女性能够接触到由男性主导的人际网络的机会很少。被最高管理层的"核心圈子"排除在外是女性晋升的一大障碍。

在中国的文化语境中,关系起着关键作用,代表着利益和义务的相互交换。在中国,商业上的成功通常取决于对复杂关系的正确使用。人们总会有自己不擅长的领域,所以与各个领域的人建立联系是有用和必需的。在一个领域中拥有权力的人可以在该领域提供帮助,以换取来自另一个领域的类似的帮助。有些关系是纯粹的工具性关系,有些则与个人情感密切相关。大多数关系是两者的混合体。

作为一种克服障碍的手段,关系是非常重要的。在中国,人们深知关系在构建和巩固人际网络中的作用。它在一个人的职业生涯中权重很高,并对个人目标的实现产生重大影响。有人认为,大多数个人和组织都在培养这种关系。尽管男性和女性都认同关系的强大影响力,但他们认为关系对他们事业的帮助是有所不同的。研究表明,男性在发展关系方面处于更有利的地位。关系与面子联系在一起,面子是一个人努力展现给公众的自我形象。只有当一个人有强烈的竞争动机时,关系才能对他的事业产生帮助。女性在职业生涯中较少利用关系的主要原因是,在中国社会中,传统意义上,如果女性为了事业的发展而与男性建立过于牢固的关系,那么她的名声就会受损。另一个原因可能是商业惯例上女性被排除在关系网之外。中国女性企业创始人可以通过家族关系从人际网络中获益,家族关系是关系的一个组成部分。在跨国公司中,关系似乎有明显的局限性,甚至可能因为人际网络的重叠而产生副作用。

◆ 上海女性职业生涯研究室研究结果 ◆

受访女性认为,人际网络对她们的职业生涯很重要,并列举了她们在公司内外培养的各种人际网络,这些都与西方对人际网络的定义有关。尽管一些参与者认为她们构建人际网络的努力还不够,但她们提供了广泛而详细的信息。

1. 公司总部

公司总部被视为跨国公司职业发展的关键地点，因为关键的人力资源决策都是在总部做出的。如果一名女性的职位允许她经常或定期到总公司出差，她就有机会从公司内部直接对自己的职业发展施加影响。所有受访女性都知道这一点，因此她们都提到了到总部出差是建立人际网络的一个重要办法，通过与总部高层的社交活动来培养人脉。研究小组中只有少数女性不是定期前往公司总部的，她们称自己在这个人际网络中的机会有限。

> 我在公司总部有人脉，只是接触不那么频繁。3年前，董事长全家都来过中国，所以我认识他们。因为我是世界高级董事会管理俱乐部的一员，所以我经常参加例会。每两年，我和我的丈夫都会和所有董事会成员以及他们的家人一起旅行……（M，总裁）

2. 高级管理层

这里通常指与首席执行官或其他领导管理团队成员建立人际网络。对于在中国担任首席执行官的女性来说，这是指与她们在总部的直接上司建立人际网络。一些（但不是全部）女性发现，与外国的男性首席执行官建立关系没那么容易。研究表明，即使通过社交活动女性也难以与男性建立关系，该情况也同样适用于受访女性中的部分成员。不过，这些女性没有提到女性与男性决策者之间过于亲密可能会产生的负面影响。

3. 专业学习小组和培训机构

这些女性提到了几个培训机构，例如中欧国际工商管理学院（CEIBS）。培训机构和专业学习小组发挥着帮助参与者建立公司外的长期人际网络的作用，是知识和灵感的来源。女性在计划换工作时也会利用这些关系。这些女性系统地、集中地与培训参加者培养新的关系和友谊。共同学习和发展也是一个重要目的。在培训的第一轮休息时间中建微信群是很正常的。这种关系在培训结束后会维持数年，象征着一种紧密的联系。

> 中欧商学院学习小组里总共有60名总经理。我们制订了一个雄心勃勃的计划，在未来的3~5年里，每年都要开会。我们已经自主召开了一次会议，所有人都出席了，我们拜访了一些公司，分析了他们的情况，告诉他们公司有哪些优势和劣势，并给了他们一些建议。这对我很有帮助。（J，总经理）

这些女性认为培训机构提供了良好的建立人际网络的机会，因为在那里可以广泛接触到不同的人。一旦你加入一个学习小组，你就可以在小组中反复利用你建立的人际关系。

4. 专家组

这类人际网络是针对特定领域的，例如，上海有一个约100人的首席财务官团队和几个专业人力资源团队。它们为从业者提供了平台，让从业者在自己的领域中提升自己，成为专家，提高自己的市场价值。

> 我参加了我们公司组织的一个俱乐部，这个俱乐部里有很多上海公司的首席财务官和财务人员，我经常用到这里的人际网络。（S，首席财务官）

5. 老朋友（包括老同学）和同事

老朋友和同事在人际网络中扮演着重要的角色。大多数受访者维持着与大学同学的联系，这为她们的人际网络提供了坚实的基础。另外，受访女性大多和以前的同事保持友谊，如果需要的话，她们也会利用这些友谊。

6. 商会

跨国公司所属的商会是进入该行业其他公司以及接触公司里的外国雇员的大门。女性运用商会的例子包括定期出席活动、发表演讲和建立专业人际网络等。

> 他们邀请我担任一个项目的发言人。身为主讲人，我必须准备好话题。我在两个月的时间里抽空学习了什么是领导力、一个人能做什么来更好地影响他人两个课题。这帮助了我，因为我需要与领导力有关的技能。我已经组织了两次有关领导力的研讨会。（M，总裁）

7. 微信

微信是一个中国的即时通信平台，可以用来与个人和群体交换私人信息，也有一个共享信息的开放区域。受访女性每天会多次使用微信，以便与她们的人际网络保持联系，重点是交换信息和知识。许多女性还定期发布专题报道和新闻，供公众阅读，把自己塑造成专家。

8. 猎头

在换工作的时候，猎头朋友会很活跃。一些女性表示，她们与猎头建立了长期友好关系，并积极寻求他们的建议。这些猎头也是导师的一种。

在回答自己在维护人际网络上花了多少时间的问题时，一位受访者说，她觉得自己只花了一点点时间。她每两天左右会给老朋友打个电话，每周参加一次活动，每个月都会和大学同学以及家人聚会。受访女性们在微信平台上不断交流。有孩子的女性反馈，成为母亲后，她参与人际交往的频率下降了。还有一些类似"我要在这方面做得更多"或"我不太擅长"的反馈。一些女性说，她们看到其他人在公司里更快、更主动地发展人际网络，主要是指与公司里其他国家的员工建立联系，但是文化障碍加大了建立这种联系的难度。

这些女性并没有明确提到关系的重要性。然而，由于关系在中国社会中根深蒂固，女性很可能利用和培养关系网络。目前还不清楚传统的关系在跨国公司中扮演着怎样的角色。这些女性称，她们与校友、培训班同学、猎头和培训机构之间的私人关系特别亲密。父母方面的关系主要在国有企业中发挥作用。当被问及如何在一家国有企业找到一份工作时，约80%的受访女性提到了家族关系。

跨国企业的高级管理人员往往是外国人，我们可以认为，虽然关系有用，但是其未必适用于在国际总部的外国决策者，因为传统上，理解并接受这种关系是中国特有的情况。

可以肯定的是，所有参与这项研究的女性都专门投入时间发展各种复杂的人际网络，以促进她们的职业发展。其中一些人际网络存在于女性公司内部，也有一些人际网络跨越了不同的公司和领域或涉及她们的私生活。

总结

环境如何影响中国女性高管的职业生涯

根据女性职业生涯发展模型，本文访谈的话题包括了文化传统、性别差异、社会出身与家庭状况、辅导和人际网络等。

研究结果表明，将女性置于男性之下的传统被提倡性别平等的法律和政策所超越。受访女性并不认为她们的职业发展受到了儒家思想的负面影响，反而认为传统文化对她们的管理方式和个人生活产生了积极影响。这些结果与大多数基于性别的研究结果相矛盾。

受访者普遍认为中国女性高管获得了很高的评价。她们在事业上的成功被视为整个家庭的成功，并得到社会的认可。因此，她们认为自己在社会中的形象主要是正面的。

大多数受访者认为，她们的机会不比男性少，有时甚至比男性更多，而且跨国公司的"玻璃天花板"是不分性别的，适用于所有中国人，不过仅限于组织最高层。只有少数女性认为女性有特定的"玻璃天花板"，而且这同样只存在于最高管理层。

这些女性们感受到来自家庭的大力支持。作为母亲，她们拥有一个庞大的家庭支持网络，比西方女性获得的支持要多。丈夫对妻子的事业也持肯定态度，主要是提供情感上的支持。

大多数受访女性认为，做母亲（或被认为有做母亲的可能）以及与之相关的休假使她们的职业发展脚步放缓。有外国伴侣或在国外生活过很长一段时间的女性认为女性应该自己负责儿童的成长。上海女性职业生涯研究室的少数女性（通常是有两个孩子且丈夫事业心强的女性）认为，母亲身份对女性职业生涯有更大的负面影响。

所有受访女性都有过非正式的辅导关系，这些辅导关系，尤其是与支持她们事业的老板之间的关系，给了她们很大帮助。建立成功的辅导关系的关键是信任。受访者认为，中国女性高管比男性高管更具有优势，因为外国首席执行官更信任她们。这种辅导关系是一种"互惠同盟"，在这种同盟中，不仅学员获益，导师也从学员的业务知识中获益良多。所有受访女性都建立了自己的人际网络，涉及方方面面，并认为人际网络对她们的职业生涯发展至关重要。

中国女性成功迈入高级管理层的内在因素

教育与女性职业生涯

一般来说，良好的受教育水平对职业发展有积极的影响，因为它是高级管理岗位所需要的知识、技能和信誉的基础，同时带来了获得其他培训的机会（无论是别人提供的还是自己主动争取的），因为如果学员受过良好的教育，决策者会更有信心认为培训会取得成功。

有观点认为，在学校取得的学术成就与工作中的专业成就仍然高度相关。在做出招聘决定时，招聘人员会了解候选人的受教育背景。这些信息可能有助于公司做出更好的选择，但前提是这两个因素之间存在已被证实的联系。支持和反对这种联系的争论点非常清晰。支持的观点认为，在学校里有很高成就的人在以后的职业生涯中一般也会表现出色，这似乎是合理的。这一观点的基础是一种"普遍主义"的假设，这种假设在管理学中也有类似的表达：学习上成绩优异的人在其他情况下也会表现优异。这一假设通常是基于一个人的一般特征而做出的，如成就动机、智力水平和社交技能。在受教育阶段取得较好的成绩通常意味着在这些方面表现良好，而这些在任何情况下都很重要。

另一方面，也有强有力的理由反对学术成就和事业成功之间存在联系。

反对的声音主要是基于这样一种观点,即学生时期的学术成就只会对专业素养产生有限的影响,而工作又高度依赖于专业素养,而且随着时间的推移,这种素养会发生改变。由于特定的情境因素,如职位的特殊性或与同事之间的关系等,在某个公司中不起作用的品质,却可能在另一家公司中成为成功的关键因素。

综合看来,几乎所有的研究都发现,学生时期的学术成就与事业成功之间存在正相关关系,然而,相关性通常相当弱。可见,学术成就不是一个简单、客观的衡量个人能力的标准,成绩或学习周期只是一个方面,一个人在学习期间从事的其他活动也很重要,比如在国外待上一段时间,在获得学位的同时工作或获得额外的资格证书。教育机构的声誉也是关键因素。不同的教育机构在教育质量和社会声望方面表现各不相同,声誉很高的大学的毕业生在工作中可能比那些"差"大学的毕业生做得更好。

目前并没有能够充分证明大学期间出国留学会对职业生涯产生影响的发现。人们通常认为,有海外留学经历或完成过一个海外项目,会让你的简历看起来不错,也会增加应聘成功的机会,尤其是在应聘大型跨国公司时。也有迹象表明,大学期间出国留学会使学生在未来的职业生涯中对出国工作产生更强烈的兴趣。然而,关于出国与之后职业生涯发展之间关系的研究很少。

塔雷诺等人发现,教育和经验对男性职业生涯的影响大于女性。这也证实了一个普遍的观点,即总体而言,女性管理者的收入低于男性管理者,女性事业的成功通常被归功于运气或外部支持等因素。然而,几乎所有的研究都表明,良好的工作履历是职业生涯的促进因素之一(拉金斯,1998),而且可能对女性更重要,因为与工作相关的信息可以帮助决策者克服对于性别的刻板印象(利尼斯和汤普森,2000)。

◆ 上海女性职业生涯研究室研究结果 ◆

如上所述,大量研究者已经研究了教育与职业生涯之间的联系,并认为良好的工作履历是职业发展的助推器之一。因此，向上海女性职业生涯研究室的女性询问她们在职业生涯开始时的受教育水平以及她们在职业生涯中获得的资质是很重要的。研究室的女性都受过良好的教育，并且有学习的主动性。她们中的许多人在职业生涯中获得了额外的资质。参与研究的 35 名女性大多数都有学士学位，除了英语专业（8 名女性）和法语专业（2 名女性）以外，受访女性还来自电子、计算机科学、生物、化学和法律等各种专业。当然，只有 22% 的受访者的最高学历是本科。27 名受访者拥有硕士学位，其中 23 人拥有工商管理硕士（MBA）学位（4 人为德国工商管理硕士）。

这些女性获得工商管理硕士学位的学校包括世界著名学府哈佛大学、埃塞克高等商学院（ESSEC）、斯坦福大学和中欧国际工商学院（CEIBS）等。其中 5 名女性拥有 2~3 个硕士学位。有各种各样关于就读大学的声望与职业生涯之间的联系的研究。虽然本研究的参与者没有被问及这一联系，但可以注意到，这些女性拥有一些非常受人尊敬的资质，并为许多非常著名的大学所关注。

> 老实说，我认为哈佛大学是最好的，它知名度非常高。欧洲工商管理学院（INSEAD）在欧洲可能非常知名，但在全球范围内，哈佛大学更有名，所以我选择更有名的学校。（C，总裁）

这些女性认为，就读的大学和商学院的声誉很重要，并积极争取在最好的院校获得资质。11 名研究参与者曾在国外学习，有的女性甚至在中国以外的两个国家学习过，并在这两个国家都获得了资格证书。德国是研究小组中最受欢迎的留学地点。24 名女性只在中国院校获得了学位。可以想象，应聘时，在跨国公司总部所在国家留过学可能会带来一些优势，毕竟在当地学习意味着对这个国家的文化和语言更为了解，这不仅可以作为评估语言技能的指标，也可以作为评估跨文化能力的指标供招聘者参考。然而，大多数受访女性只在中国学习过似乎与跨国公司喜欢留学生这一假设相悖。这一点在之后的内容中会有更深入的讨论。

海外留学地点

国家	人数
澳大利亚	1
英国	2
德国	5
新加坡	2
法国	2
美国	1

当被问及为何选择在某个国家学习时，选择德国的女性解释说，因为没有学费，德国是最便宜的国家。选择法国是基于浪漫的想法，比如喜欢法国的生活方式。还有一些女性选择到朋友或亲人所在的国家留学，可以互相照应，如一位女士在澳大利亚学习，因为她的丈夫在那里工作。

语言技能对在华的跨国公司高管们来说非常重要。所有受访女性都能说一口流利的英语，并在日常工作中使用。她们中的许多人都是为了拿到学士学位而学习英语的，这是中国大学的规定。15位女性不会说任何英语以外的外语，另有15名女性精通两门外语，5名女性精通三门外语。由于所有女性的英语水平都较高，所有采访都可以用英语进行，不存在任何理解问题。有4名参与者更喜欢用德语接受采访，这证明了她们的语言熟练程度。

掌握的外语

语言	人数
英语	35
德语	9
日语	7
法语	4
西班牙语	2
意大利语	1
韩语	1

根据受访者的说法，语言技能对她们来说是一个巨大优势，因为这解决了大多数外国高管不会说中文的问题。精通多种语言使她们在竞争中处于有利地位。这些女性认为，这种优势在她们职业生涯开始时更为明显，当时说英语或其他语言的申请者比例较低，且几乎没有外国人能熟练地用中文进行谈判。这一点在之后的章节中会有更深入的讨论。

显然，受教育水平高有助于职业发展。受访者们总共拥有 27 个硕士学位和 11 个海外学位，都受过高等教育。许多中国和国际知名大学的名字都出现在她们的简历上。这些女性还表现出优秀的多语言能力，强调持续学习，在职业生涯中，她们以课程和证书的形式获得了一些商业和领导资质，其中一个例子就是教练证书，上海女性职业生涯研究室的许多女性都拥有这个证书。

领导力与女性职业生涯——优秀领导者的标准

在已有研究中寻找高管们获得成功所需的领导力，会得到各种不同的标准。如果高管们想在管理领域谋求职业发展，就必须担当领导者的角色，既要在团队中展示领导能力，又要在组织中代表自己的团队。此外，高管们需要在包含内部和外部利益相关者的整体体系中找准定位。领导力理论建立在早期关于能力和智力的研究的基础上，这里，领导力被定义为一种才能或做事的能力（博亚茨等人，2011）。许多关于领导力的研究都提供了杰出的领导者样本。这些研究从领导者身上归纳出能力，而这些能力反映了有效的工作表现。在许多国家，人们用三种能力标准来区分优秀和普通管理者——认知能力、情商和社交商。

并没有一个普遍有效的标准来帮助人们成为好的管理者。要想在不断变化的世界中扮演一个称职的领导角色，管理者就必须满足更多的要求。这些要求是严格的和多方面的，并且依行业、公司规模和职位的不同而不同。瑞格奈特根据国际商业机器公司（IBM）人力资本研究的结果为高管们制定了标准，该研究调查了全球400家公司，总结出了以下高管所需的领导能力。

激励能力 指高管们说服员工，激励员工，让员工朝着特定目标努力的能力。

学习能力和意愿、就业能力 学习能力和意愿指高管们持续不断地独立学习，始终保证自己的知识储备能够跟上时代；就业能力指高管参与职业生活的能力，包括所有专业、社交、逻辑能力以及其他工作能力。

团队合作 高管们需要与整个公司的员工一起工作，并将个人和团体联系在一起。在此过程中，需要管理团队内部竞争以达到平衡，防止这种竞争损害到组织基础的稳定性。

多样性管理 指高管们充分利用员工的多样性，并支持由此产生的机会。这不仅包括按照多样性原则组建团队，还包括帮助员工在不同的工作方式和视角下共同取得工作成果。

沟通技巧和冲突管理 高管们需要通过沟通技巧和榜样作用来激励员工。这包括使用专业的反馈方法，并能够将紧张关系保持在最佳水平，以从冲突中发挥出创新和转化的潜力。

变革管理 为了能够快速响应动态市场和新的需求，持续的变革是必要的。高管需要通过激励、支持让员工参与、监督变革过程，还需要为那些在变革过程中失败的人提供新的机会。创新管理和创造力也可以归于此类。

系统的、整体的思维 指高管能够界定模糊不清的问题并评估其对整个公司造成的后果，这需要一种整体化的思维方式。这种能力包括处理不确定性和复杂性的能力，需要具有必要的灵活性以及信息管理、评估和决策技能，以适应不断变化的环境。

健康和在压力下工作的能力 既指在压力下工作和保持健康的能力，也指"健康的领导力"，即以一种尊重员工、有助于减轻或防止工作上的压力和倦怠的方式行事。

传达工作的意义和愿景 这一能力的主要支柱是"有远见""成为榜样"和"创造价值"。共同愿景也是圣吉1996年提出的学习型组织概念的一个组成部分。

跨文化能力 指一个人对外国文化和行为方式敏感，并相应调整自己行为和沟通方法的能力。跨文化能力不仅限于语言和文化学习能力，也不仅仅是通过在国外的时间培养出来的，它还包括情感和行为技能，如产生共鸣、温暖他人、处理焦虑和不确定性等。与此相关的另外两个概念是全球化领导力和全球化思维模式。乔基宁给出了全球化领导力的定义：使个人能够在自己的国家和组织文化背景之外完成工作的普遍素质，无论个人的受教育背景和种族背景如何，无论个人有怎样的工作职责或来自哪个领域。基于此，研究人员提出了全球化思维模式的概念。全球化思维模式是理解、联系和整合不同文化的一种思维模式。塔克等人将具有跨文化能力的高管描述为"有能力在不同文化间轻松移动的领导者"。罗森斯基提出了培养个人跨文化能力的五步法。第一步是承认自己的世界观并不是每个人现实生活的核心。第二步和第三步是认识和接受差异。下一步是对这些差异进行整合。当一个人能够在任何时候在其头脑中给出不同的参照系时，这一步就发生了。因此，整合是一种理解文化差异的过程。最后一步是适应：愿意和有能力去适应差异，而不觉得自己的立场受到了威胁。塔布斯等人建立了一个类似的全球化领导力金字塔。在较低的层次上是诸如无知之类的缺陷。金字塔不断向上延伸，上面的各阶段分别为认知、理解、接受和转变。在最高处，全球化成为一种生活方式，代表人们有兴趣尝试新的和不同的事物，并且渴望通过合作解决问题。布莱克和莫里森提出了一个更广泛的理念。根据这一理念，全球化领导力要求高管们在四个方面——好奇心、视野、性格和见识——始终能够达到要求。在他们的定义中，视野指的是接受不确定性和平衡紧张局势的能力；好奇心是指对新的国际市场的好奇心；见识指的是丰富的国际商业和组织知识；性格指的是正直和情感上的沟通能力。布莱克和莫里森认为，每个全球化领导人都必须具备这一套全球化能力，能力既是先天的，也是后天培养的。

传统标准 最后，瑞格奈特列出了智力、分析技能、守信、忠诚、热情、专业知识等传统标准。

除了瑞格奈特制定的标准，高管所需的其他能力与这些能力的实际有效性有关，如自我监督能力。强大的自我监督能力会带来更多的晋升机会，尽管女性在这方面的表现不如男性。还有自尊和自我评价。另一个对高管成功至关重要的因素是勇于面对竞争。研究表明，一般来说，女性很少享受竞争，而且往往会回避竞争。男性和女性有不同的竞争策略。当两性竞争时，男性策略往往会战胜女性策略。其中一个原因是，女性通常会更现实地评估自己获胜的概率，再加上对自己能力的低估，就会处于劣势。最后，研究中经常提到所谓的社会技能："管理者将社会技能和个人技能视为有能力的管理者的重要特征。"社会技能可以被定义为帮助一个人在特定情况下以社会可接受的方式实现个人目标的能力。因此，社会技能可以包括之前提到的各种能力，这些能力是人们用以帮助自己实现目标的，同时考虑自己的价值观、周围环境中其他人的价值观以及运用这些能力会产生的后果。

◆ 上海女性职业生涯研究室研究结果 ◆

正如前面所说的,对于一个好的领导者来说,并不存在普遍有效的能力标准。一位成功的管理者通常需要满足来自不同领域的严格标准。受访女性从自己的角度阐述了哪些能力对她们的职业生涯最有帮助。

值得注意的是,受访女性能够轻松地说出自己的优势和能力。她们对这个问题的反馈非常积极,没有一个人显得矜持、谦虚或害羞,且经常使用"最",如"我是中国最好的人力资源主管"。

下表概述了这些女性主动提到的能力,并列出了一些关键语和出现频率。

受访者的能力、优势以及个人形象

影响力与沟通技能(27人)	理解体系(15人)
说服力 / 令人信服的决策者 良好的沟通能力 / 修辞能力 强大的最高管理层人际网络 演讲技巧 / 会讲故事	理解公司体系 积极利用组织和层次等级 理解所有利益相关者的利益 理解下属的需求 战略性地选择员工和继任者
专业知识(24人)	远见者/创新者(12人)
了解许多行业和公司 丰富的经验 复杂的背景 专业知识 终生学习 管理知识	有很多想法 / 有创意 找到新的解决方案 用新的想法来设定愿景 激发新的想法 制订5年计划 纵观全局 / 提出大的话题 察觉到即将到来的变化
跨文化能力(37人)	分析能力(12人)
成为外国人中的中国人 / 中国通 有全球视野并熟悉本地市场 熟悉外国人 / 适应能力强 运用语言能力建立信任 语言技能 / 翻译	逻辑思维 / 快速分析 / 战略思维 对复杂问题的理解 对数字敏感

将理解体系的能力和分析能力作为构建职业生涯的重要模块

反馈表明,相对于其他人,受访女性的主要优势在于对公司的等级结构以及工作方式有深入了解。她们说,对公司全球化结构的了解以及熟悉公司总部思考和分配任务的方式是她们的明显优势。一名女性指出,虽然花了数年时间,但她现在已经全面了解了整个系统,其中还包括对于不同的内部和外部利益相关者的了解。这些女性还强调了迅速了解公司所有职能的重要性,尤其是在换公司、换新职位的时候。另一项关键能力是对员工和继任者进行正确的战略选择,以确保自己的人际网络在公司系统中稳定运行。在管理部、市场部、财务部,尤其是销售部担任领导角色的女性认为,战略性思维、快速理解复杂问题的能力和数据分析能力是女性的核心能力。人力资源总监和其他职位的女性也证实,她们在职业生涯中表现出的分析能力要高于其他员工。

拥有多个领域的专业知识

大部分受访女性都提到了这一点。它包含两个方面:第一,对专业问题和课题有深入的了解;第二,对许多不同行业或公司有广泛的了解。具体来说,首先是拥有多年工作经验。所有这些女性都表示,作为一家跨国公司的雇员,她们对中国的业务有深入的了解,这是她们相比外国同事所具有的明显的竞争优势。其次是精通多种语言,英语几乎要达到母语水平。在德国和法国的公司,掌握公司总部所在国家的语言对女性来说也是一大优势。另一个优势是不断学习新事物的能力和愿望。终生学习是贯穿所有采访的主题,受访女性都认为这是她们的核心能力之一。

沟通和激励能力——文化根源与女性优势

这些女性强调,她们善用一种有说服力的沟通方式,可以根据沟通对象的文化背景改变交谈方式,其中包括能够用中文、英文甚至其他语言来呈现信息,说服他人并讲述吸引人的故事。据这些女性说,这样做的目的是激励员工,影响上级。这些女性认为,影响决策者的能力是她们的个人优势之一，这涉及与高层组织或决策者的不断接触，正如在人际网络部分所讨论的那样。一些女性称，在与目标群体打交道时，有说服力的高管形象可以为她们加分。

远见卓识与创新——有待提高

总的来说，受访女性认为自己具有远见卓识。不过也有观点认为，缺乏远见是女性的弱点。大多数女性认为创新不是问题，这可能是因为一些女性负责公司的创新战略，或者在她们职业生涯的早期阶段有过创新经历。一些女性称"大局观"是她们的优势之一，并将其描述为一种在其他人之前预测变化并准备应对或利用变化的能力。

> 我知道公司的发展方向，能预见，并且能把我的行动与公司的发展方向联系起来，察觉到即将到来的变化。（V，总经理）

这些女性还讲述了她们是如何利用国际商学院的工商管理硕士人际网络与当地首席执行官和投资者进行沟通并拓展自己视野的。一名女性认为，她在这方面的作用是使以美国为中心的愿景适应中国市场具体情况。

受访女性敏锐地观察到，她们必须使自己的愿景屈从于跨国公司的体系。一些女性对公司愿景表示了不满和失望。这些女性称，几乎所有跨国公司都有着相同或相似的发展愿景，而这样的愿景被强制灌输给了新员工。许多女性对中国的民营企业主更钦佩，她们认为这些企业主在实现自己的理想方面具有更大的灵活性。一些研究表明，女性富有远见，但她们只能把既定的公司愿景传达给雇员，往往无法发展自己个人的愿景。

在有关创新的话题上，这些受访女性给出了许多具体的例子，她们能够对公司战略和产品产生影响。创新往往会带来新的流程和规则，也是判断一个人是否有远见的重要标准。

工作5年后，我知道我做了多少事情，但也同样知道还有哪些是我未来能做的。然后我向公司提出了我的想法。我们在城市的郊区生产纸张，在德国也是如此，那为什么我们不能在亚洲卖德国的纸呢？我还提议在香港设立一个办事处，我可以和合资企业共同管理这个办事处，这样一来，我们的中国产品和德国产品就都能在亚洲销售了。（M，总裁）

创新其实并不重要，但有远见是很重要的。每个人都需要为自己的未来规划一个更大的蓝图，设想自己未来5年或10年应该是什么样子。这不仅仅是针对职业生涯发展，日常工作也应如此。在公司里，不要局限于手头的小领域。（M，首席财务官）

还有一些女性认为激励他人也是自己的优势之一，这种能力与有说服力的沟通能力密切相关。

跨文化技能——中国女性高管的关键优势

当被问及跨国公司中的文化差异及其对职业生涯的影响时，参与者的回答各不相同，但都很详细。大多数女性将跨文化技能视为自己的优势之一。她们在职业生涯中曾接触过几种不同的外国文化，其中许多人详细讲述了她们在不同文化圈的经历。这些经历大多是与公司中的外国上司、同事以及总部接触。许多女性反馈称，她们深入了解过其他国家的工作方式和文化差异（某些女性接触到的国家多达5个），与这些国家的人员密切交往并长期合作，使她们有别于那些从未或只是短期与跨文化团队合作过，以及只与来自单一文化背景的同事合作过的高管。

这些女性对其他文化有着非常开放、积极和好奇的态度，她们渴望深入了解和理解其他文化，愿意适应并融入不同的文化。所有女性都怀着极大的好奇心和非常积极的想法与期望开始了在跨国公司的工作，尤其对外国人的工作方式和管理方式充满好奇。受访者经常为自己设定与外国人合作的目标。最常提到的目标是能够与不同国籍的人很好地合作，并能够有效地领导他们。还有的目标是学习其他国家人的长处以提升自己。所有受访女性都认为自己有特别的能力去适应外国文化，能够在不同文化之间"移动"和工作，并战略性地利用这一优势为自己谋利。这一点与塔克等人提出的"在不同文化间轻松移动"的能力一致。有研究提到了"与其他文化合作时的灵活性"，塔布斯等人指出，领导者的角色只在特定的环境中有效——随着环境的变化，领导者的行为也会发生变化。能够考虑和承认新的想法，并采取多种解决问题的方法是有影响力的全球化领导人所必需的。

受访女性还准确地描述了她们在职业生涯中经历和了解到的文化差异。下表总结了这些女性的观察结果。她们认真观察了不同民族在特定文化背景下的工作方式、交流方式和价值观。这些精确的观察结果得益于女性高度的文化敏感性和敏锐的洞察力。

描述经历过的文化差异

	中国	德国	法国	美国
沟通	间接 含蓄/不直言 面子是最重要的	直接 话不多 从不给出最高评价 严格	语气柔和 偏爱法语 脾气好	说话无保留 高谈阔论 有煽动性 有攻击性 直接反馈 没来由地积极
工作作风	没有条理 有些甚至很懒 有些人不回邮件 实干家 先动手后思考 敢冒险	精确 自律 汇报严格 流程慢 决策比较保守 做好每一步计划 遵守规则	演员 放松 想法天马行空 打破规则	有激励性 目标长远 支配者 以结果为导向

	中国	德国	法国	美国
领导力	对关系敏感 与大家心意相通 主观判断	非常自信 冷静 缺乏雄心壮志 不愿冒险/没有创新 不在乎面子	给下属自由 不尊重规则 相信关系 关注数据细节	允许下属自由行动 有影响力 有进取心 给很多奖励 有远见
价值观	学习 尊重外国人的优势 好客 贪恋物质 热心 非常敬爱父母	性别问题/歧视女性 信任问题 可靠/诚实 人际网络薄弱 高质量 生活与工作高度平衡	与中国人相似 重视人际网络 高傲 浪漫	思想开放 能很好地隐藏不安感 不懂中国人 重视家庭 关心技术而非人心

> 中国人总给自己打70分，德国人给自己打100分，美国人明知自己100分，还是会打120分。（M，首席财务官）

答案当然是主观的，但也是基于这些女性多年的亲身体验和观察所得出的。这些女性反思了她们自己的管理风格，并与其他国家的管理风格进行比较，寻找异同。她们总结了其他国家的人所具有的特殊技能和思维方式，并反思了中国文化的优缺点。值得注意的是，女性们在描述各国人的特点时都用了积极和幽默的表达方式。

塔布斯等人总结了典型的中国领导方式：领导者给予下属一种安全感和平和的心态，并且能够识别下属的才能，通过帮助下属获得成功来确立自己的地位，通过向下属提供发展事业的机会来充实下属的阅历。中国传统领导方式的核心是和谐，并且要在坚持诚信正直的情况下达到和谐。这是中国女性所处的传统社会环境。她们能够在很大程度上区分这种中国传统与外国文化的差异，并适应它们。这是一种积极主动的态度，在自己所处的文化中寻找精华,在其他文化中挖掘珍宝。

受访女性反复提到信任,尤其是在德国公司工作的女性。具体来说,一些女性观察到,德国高管更有可能信任德国人,尤其是在任命首席执行官时。因此,她们的国籍是一个竞争劣势。然而,这种劣势在男性中更为明显。相比较来说,她们比中国的男性同行更受信任。因此,一些女性认为建立信任是关键的跨文化技能之一。在受访女性看来,"成为外国人中的中国女性"是一种能力,即不仅能够理解,而且能够适应跨国公司的企业文化,这远远超出了简单的多语言沟通能力。

> 你需要知道跨国公司的文化根源,并理解它……(A,副总裁)

一些受访者指出,公司在对待女性高管的态度上存在文化差异。这一观点都是由在德国公司工作的女性提出的。根据这些女性的说法,在德国公司里,跨文化能力包括,作为一名中国女性,能够采取成功的策略来有效应对德国高管们对待女性的不同方式。

> 一开始是有点儿令人震惊,我指的是我一开始到德国时受到的文化冲击。我仍然记得,我去德国的时候还很年轻,没有人把我当回事,因为在德国,一般来说,25岁的时候还在上大学。大多数女性的职位都是秘书,不受重视,这感觉真的很不好,这就是为什么我必须非常努力地在那里塑造自己的形象。在德国你必须证明或磨炼自己,尤其是在公司里,至少你要表现得不像个女性,这样你才能得到一个好职位。在中国,女性不需要穿得很正式就能成为一名女领导。然而在德国,为了在工作中得到认可,女性真的必须像男性那样。好在因为我是外国人,我不需要遵循同样的规则,尽管我穿得不像男人,看上去也不像男人,但我还是得到了一些认可。(M,首席财务官)

受访女性对跨文化交流具有很强的共鸣。她们既了解中国市场，又能够与其他国家的人建立联系，这归功于她们适应不同文化的能力。

总结

中国女性高管的领导力

综上所述，受访女性对自己所拥有的能力反馈积极，自信满满，并进行了自我反思。她们提到的大多数能力可以归入专业知识的范畴，其次是跨文化能力，受访女性对此给出了很多解释，包括灵活应变能力、语言能力、多年的市场经验以及她们作为中国女性与外国决策者建立信任的能力等，是她们在职业生涯中所享有的竞争优势。这些能力结合起来使她们比男性更有竞争力。

这里的发现与罗森斯基对跨文化领导能力的定义是一致的：这些女性不仅能够识别和接受细微的跨文化差异，而且能够从非常积极的角度看待这些差异，并发现在以文化多样性为特征的专业环境中工作能令人感到满意。她们拥有在不同文化间转换的能力。研究结果还表明，中国女性具有全球化思维模式，即理解、联系和融合不同文化的能力。从布莱克和莫里森对全球化领导力的要求来看，中国女性不仅对中国本地市场，而且对国际商业和组织都拥有相应的见识。她们还具有好奇心，即对外国文化、国际商业模式和外国领导风格很有兴趣。上海女性职业生涯研究室的女性还拥有这个全球化领导力定义的另外两个核心特质，即相应的视野和性格。这些将在下一节中进一步讨论。

可以观察到，受访女性在领导力方面的最大不足与远见有关。只有一部分女性认为自己有远见卓识。另一些人则认为，她们的远见卓识受到跨国公司规则的限制。相比之下，她们对自己的创新能力都很认可。

人格与女性职业生涯

理论表明，人格会对职业生涯产生影响

人格被认为是个人显著的性格、特征、态度和习惯的有机结合。一些理论认为，最多有16种人格分类，有的研究认为5种就足够了。大五人格理论考虑了五个维度：神经质性、外向性、尽责性、随和性和开放性。这个模型被称为大五人格模型。大五人格理论的发展始于20世纪30年代，如今被国际社会视为人格研究的普遍标准模型。在过去的20年里，它已经被用于3000多项学术研究。开放性描述了个人对新体验和新印象的兴趣以及参与程度；尽责性主要描述一个人的自制力、精准性和决心；外向性描述活动与个人行为，有时也被称为外倾性；与外向性一样，随和性主要描述社交行为；神经质性主要指的是负面情绪体验，一些研究者也将其称为情感上的不稳定性，它的反面是情绪稳定、满足或自我力量。研究展示了男性和女性在这几个方面存在的差异。女性在外向性相关的自信心方面得分普遍较低，而在与温柔和积极情绪相关的随和性上得分往往较高（艾曼和可拉比克，2010）。

管理动机模型（LMP）是在经过了8~16年的纵向调查的基础上发展起来的。LMP模型可用于对未来职业发展成功与否进行预测。麦克莱兰等人提出了他们研究的与晋升相关的三个需求：成就需求、权力需求和接纳需求。成就需求被定义为在某套标准的基础上实现和取得成功的动力。权力需求被定义为让其他人以一种他们本不会采用的方式行事的需求。接纳需求被定义为对亲密、友好的人际关系的渴望。麦克莱兰研究了这三个因素与取得管理成功之间的关系。他得出的结论是，具有中级到高级水平的成就需求有利于管理人员达到组织中的高层地位。对于小型组织或企业家来说，成就需求更为重要，因此具有高成就动机的人更有可能成为成功的独立企业家。然而，麦克莱兰认为，高度的成就需求并不直接导致管理生涯的成功，成功的管理者只需要适度的成就需求。高级管理人员的接纳需求往往较低，因为接纳需求强烈的人在人际关系上投入了大量的时间，在做决策时更注重被喜欢和被接受。

另一个研究管理动机的方法是曼纳的管理动机理论。管理动机理论研究的是组织类型之间的关系、组织形式对关键执行者的角色要求以及适合这些角色的激励模式。任何符合或匹配角色需求的动机性质都包含在该模式中。该理论规定了一套非正式的角色要求，这些要求来源于组织的形式和关键执行者与组织的关系。每个角色都有对应匹配的动机模式。曼纳等人的研究表明，管理的成功与管理动机是相关的。等级层次与管理动机强弱相关，因此可以在此基础上进行预测。根据这一理论，许多不同的管理角色都有一些共同的角色需求。要想成为一名成功的高管，人们需要有获得这个角色的愿望和动机。曼纳认为，有六个角色需求和相应的管理动机模式。

基于曼纳的研究结果，许多研究者研究了女性管理者的管理动机以及与中国相关的国际差异，为目前中国女性高管的研究提供了良好的理论基础。在对中国女性高管的管理动机与其管理成功的关系的研究中，出现了这样一个问题：管理动机理论是否适合中国的文化背景，以及该模型是否适用于女性，因为它是在男性高管的基础上发展起来的。霍夫斯塔德认为中国是权力差距很大的国家，即管理者和员工高度不平等。中国也是一个集体主义国家，组织的目标优先于个人目标。因此，我们可以认为，集体主义与管理动机在某些时候冲突，比如面对竞争或想在群体中脱颖而出时。然而，曼纳等人认为，集体主义和竞争之间没有必然的排他性，高考时的激烈竞争是支持这一观点的一个例子。他们还认为，跨文化差异不一定表现在文化内部差异上。与美国管理者相比，中国管理者可能不太愿意表现得与众不同，在团队中脱颖而出，但这并不意味着，中国管理者不愿意从非管理者中脱颖而出。曼纳等人在中国管理者和非管理者之间发现了管理动机的差异。中国管理者表现出了更高水平的竞争力和更强烈的实现愿望的动机。鲍威尔和麦尼尔研究了第二个方面：如果管理动机理论主要基于对男性的研究，那么该理论在多大程度上可以应用于女性？他们还研究了各国文化和经济差异对最初在西方发展起来的理论适用性的影响。在对许多不同研究的回顾中，鲍威尔得出结论，在管理动机上，两性之间没有差别。曼纳的理论同时适应于男性和女性。早期对美国男性管理者和女性管理者管理动机差异的研究在20世纪80年代后期消失了。

关于中国女性管理者管理动机的研究很少。有人认为，中国女性有很强的管理动机，也有人认为她们的管理动机很弱（可拉比克，1994）。中国女性管理动机较弱的一个因素可能是封建文化传统和对儒家价值观的诠释，根据这些传统，女性应该扮演从属的角色。如果这些刻板印象被女性内化，她们的积极性就会降低。多莱切克等人在对香港管理者的研究中得出结论，女性可能由于其家庭倾向而拥有较低的管理动机。然而，近些年中国的一些现状可以反驳这种观点，如女性就业率高，在管理岗位中所占比例高，在教育统计数据中显示出高水准等。在这种背景下，可拉比克的研究得出的结论是，中国女性不能再被定型为地位低下、缺乏担任高管职位动力的形象，曼纳等人的研究也证实了这一观点。

影响职业生涯的人格维度

荷西尔和帕邢开发的人格量表（BIP）是德国商界对人格进行分类的主要方法。BIP测试了以下内容：

- 成就动机（持续改进自身表现的动机）
- 权力动机（改变不正确行为的动机，准备影响事情发展）
- 领导动机（在社会环境中施加影响的动机，将自己视为权威人士）
- 尽责性（细心、值得信赖、完美主义、注重细节）
- 适应性（准备好应对意外情况，接受变化）

- 行动导向（将决策迅速转化为行动的意愿）
- 社会敏感度（同理心）
- 对外开放（主动与人接触，维持关系）
- 社交能力（友好和尊重）
- 团队导向
- 有魄力（坚持不懈地努力实现目标，即使需要做出抵抗）
- 情绪稳定性（情绪反应是平衡的，不会反复无常；从失败和挫折中恢复的能力）
- 在压力下工作
- 自信

研究显示，总共有9个人格维度可以对职业成功做出贡献。这些维度对于分析上海女性职业生涯研究室中女性的人格特质非常重要。

尽责性和成就动机 有高度责任心的人会把自己描述成有决心、勤奋、坚持不懈、意志坚强、自律、可靠、守时、一丝不苟的人。尽责性的范围非常广，涵盖了各种各样的人格特质，对生活的不同领域产生了强烈的影响。成就动机范围小一些，与职业生涯相关度更高。成就动机的概念来源于上面提到的麦克莱兰等人的研究，高水平的成就动机使个人在职业生涯中做出高于平均水平的努力，并取得高于平均水平的成就。因此，尽责性和成就动机都与管理职业生涯的发展有关。具有较高成就动机的人会不断衡量自己的成就，并与他人进行比较，目的是证明自己（帕邢等，2000）。

领导动机 为了承担领导责任，一个人还需要有领导动机。这个维度本质上是指一个人的权力取向。研究表明，具有较高领导动机的人使用权力和影响他人的意愿特别强烈，而社交需求往往相对较低。高夫的一项研究指出，领导动机和对权力的追求可能是区分领导者和非领导者的唯一关键特征。这种区别在女性身上体现得尤为明显，具有高领导动机的女性会比其他女性更容易、更快地获得领导角色（陶卡尔等，1998）。

开放性、外向性和团队导向 在大五人格理论中，外向性指的是一个人对他人的开放程度。开放性这一维度与工作的相关度比较高，主要用于衡量跨部门关系和人际网络的发展。团队导向是指为了团队合作而牺牲自身利益的意愿。该维度还与帮助项目向前推进，并准备分享和支持团队决策有关。一项对1000多名员工进行的调查显示，开放性和团队导向是用来预测职业发展的最佳维度（马克曼等，2003）。

情绪稳定性 研究表明，情绪稳定也与职业发展有关，但不如成就动机和尽责性的相关度高。情绪稳定指的是情绪反应平衡，并且能够迅速从失败中恢复过来。神经质性与此截然相反，指的是对自己的需求和欲望不加以控制。因而，控制自己的需求和欲望是情绪稳定的一个关键方面（博克瑙等，1993）。情绪不稳定的人往往对自己的工作持消极态度，更容易感到压力和疲劳。相比之下，情绪稳定不仅有助于减小压力，还与健康有关。

适应性 在大五人格理论中，这一维度被归为开放性。然而，后一种概念适用范围太宽泛。适应性则仅应用于个人职业生活中的变化，指的是适应工作环境频繁变化的能力。然而，适应性强与职业成功之间并没有必然联系。研究表明，特别灵活的人往往收入更少，升职机会更少。不过女性的情况正好相反。她们将适应性视为职业发展的一种工具。女性越独立，适应能力越强，地位越高（阿卡尔等，1998）。

自我表现能力 这个维度指的是个人在社交场合中有意识地使用策略，以尽可能地让自己给别人留下积极的印象，是一种影响他人对自己印象的能力。它来自辛德提出的自我监督理论。根据这一理论，采取这些策略的人故意不分享他们的真实意见或感受。社会交往要求一个人有能力去规范自己的言行举止，从而给他人留下积极的印象。似乎有迹象表明，极端的自我表现能力和这种能力的完全缺失都可能对工作产生积极影响（威廉姆斯，1997）：没有这种能力的人被认为更诚实，具有这种能力并积极展示自己的高管会得到员工的支持。自我表现的能力在职业生涯早期就很重要。具有较强自我表现能力的管理者往往会被其他人视为特别高效的领导者。然而，在某些特殊情况下，人们也可能会怀疑他们的能力。

综上所述，许多研究表明人格与职业成就之间存在联系，然而，大多数研究都是关于独立人格的，没有考虑到人格维度的组合。某些似乎能帮助女性的人格特质对男性来说显然不管用，或者至少无法达到同样的效果。在一项关于女性职业发展能力的研究中，亨得出结论，女性在管理岗位上的主要特征是高灵活性和团队导向。同样的研究发现，自信和在压力下工作的能力使男性有别于女性。此外，在分析人格时，重要的是要注意到每个人都有不同维度的独特组合。这就产生了一个问题，即这些特定的人格组合会产生什么样的影响，以及需要在哪些方面达到最大限度，才能对职业生涯发展产生显著效果。

◆ 上海女性职业生涯研究室研究结果 ◆

自我描述概览

上一部分介绍了与人格维度相关的几种理论，以及这些维度与职业生涯的关系。下面是对研究室女性人格的概述，这些人格特质与她们在高级管理工作中的进步和成功有关。通过对她们的采访，我们可以得出有关女性人格问题的结论，主要用于解释她们的优势、工作动机以及相关问题。这些女性的回答很充分，涉及面也很广。她们被分配到不同的人格维度中，以便笔者做出解释和总结。这些解释和总结主要基于 BIP 的维度，并结合了部分其他理论，还借鉴了曼纳等人开发的管理动机模型。下表通过总结女性使用的关键语来展示研究的主要成果。笔者将结合上下文对这些结果进行分析。

女性人格维度的相关研究结果（自我描述）
（基于 BIP 维度）

工作动机
成就动机（49）
做到最好 / 尽自己最大努力
雄心勃勃 / 出类拔萃 / 步步高升 / 成功 / 取得成就
自我激励 / 负责
高且清晰的目标 / 高标准 / 目标结果驱动
推动工作进展
做决定
做一些特殊的或有意义的事
追求挑战
主动 / 提前行动 / 推动者
领导动机（25）
影响他人 / 设定对团队的期望
委托 / 教练 / 支持
对人有兴趣 / 相信别人
激励他人 / 奖励他人
成为榜样
能够组建团队
强烈的责任感
渴望权力
追求更大的责任 / 积极寻找权力 / 从早期就关注权力
不服从规则 / 命令
塑造 / 影响流程的动机（11）
寻找新的流程、过程 / 为挑战寻找解决方案
知道如何使用资源

工作行为
尽责性（20）
自律 / 勤奋 / 持之以恒 计划 / 架构 / 组织能力 / 组织良好 / 优先级设定 / 重视细节 恪守职业道德
适应性（33）
灵活的 / 拥抱变化 / 欢迎变化 喜欢冒险 / 有勇气 / 有比别人更大的勇气 / 有做决定的勇气 / 无所畏惧 寻求变化、变革 / 不想感到无聊 / 有趣 / 兴奋 乐观 / 积极 / 热情 异地工作 / 快速

社交能力
团队导向（36）
支持他人 / 带来价值 / 做出贡献 有良好的人际关系 / 团队合作精神 / 以人为本 建立信任（诚实、值得信任、忠诚）/ 尊重 / 寻求他人的尊重 关心他人 / 人际交往能力 寻求他人的认可
有魄力（15）
进取 / 努力 能做困难的事情（裁员）/ 能表明态度 意志坚强 / 把事情办好 / 下定决心 处理冲突

表格明确了女性在自我描述中使用的关键语，这些关键语在这里被划分为不同的维度。从频率来看，大部分女性都提到了可以被归为成就动机、团队导向和适应性范畴的人格特质。伊格利等人认为，女性领导角色的首要特征是高度的团队导向和适应性。上海女性职业生涯研究室也证实了这个发现。下面将就部分维度展开分析。

成就动机和对竞争的态度——从一开始就要做第一名

已有研究非常清楚地表明，成就动机与管理技能的进一步提升是密切相关的。成就动机反映了一种意愿，即以高标准要求自己，将自己与他人进行比较，如果有必要就去提高自己。研究小组中的女性称自己雄心勃勃。她们给自己设定了很高的个人目标和标准，并且非常渴望成功。

  应该说我是一个非常有抱负的人。我想出人头地，因为我在 A 公司里和许多聪明人一起工作过。我一直都想当自己的老板，每天下班后，想完全拥有自己的生活。（J，亚洲人力资源总监）

"成为最好的人"和"成为杰出的人"这两个目标经常被认为是职业生涯的激励因素。受访女性认为，这种想法源于她们的童年和成长环境。学生时期，她们就在学校里名列前茅，大家都认为她们特别有天赋。她们的老师和父母给了她们进一步的鼓励，使她们更加出类拔萃。

  很有意思，我小时候一直是老师眼中的优秀学生，因为我总是名列前茅。我认为自己做的每件事都应该出类拔萃。也许这影响了我——我应该成为他人的榜样。（A，副总裁）

  我记得非常清楚，8 岁的时候，我告诉所有人我想成为玛丽·居里那样的人。我真的想成为一名科学家，尤其是物理学家，做很多研究，找出宇宙的运行规律。那是我最初的梦想。我的抽象思维非常好，小时候读了很多有关物理研究的书，比如爱因斯坦的著作。（M，首席财务官）

受访女性们认为有挑战很重要。她们非常积极地面对挑战，甚至主动寻求挑战。还有一些女性说她们想在工作中做一些特殊和有意义的事情。

  首先，我一直想做一些特别的事情。我想去德国的原因是，我害怕在20岁的时候预见我未来20年的生活,像我的父母一样——有一份轻松的工作,有良好的声誉,没有高收入,但是足够生活。这不是我想要的,我想做一些有价值的、与众不同的事情。(J,总经理)

采访结果显示,成就动机是晋升到高级管理职位的先决条件,而成就动机与面对竞争的态度有关。具有高度成就动机的个体喜欢与其他个体比较。曼纳等人总结了这一人格特质,并认为积极的竞争态度是高级管理者成功的必要条件之一。

对于竞争的处理方式(自我描述,多选)

喜欢竞争(17)
兴奋 / 灵感的来源
喜欢它 / 寻找它 / 感觉很棒 / 乐于竞争
从一开始就想赢
轻而易举
通过学习保持竞争力
从竞争者的优势中发展自己 / 通过竞争来成长
不可避免
中立(15)
不去想它 / 忽略它
与自己竞争 / 专注于自己
不关心别人,因为自己是职位最高的那个
不喜欢竞争(9)
对公司不好
不喜欢 / 回避
并不轻松

关于对竞争的态度,受访女性的回答可以分为三类:非常喜欢、中立和不喜欢。大多数受访者表示,竞争是职业生涯的一个激励因素,是灵

感、力量和学习的源泉。许多人称"对公平竞争感到兴奋",或者将竞争解释为提高自我。她们称,是竞争让她们变得更强大、更自信、更坚强。

> 有时候竞争会让你变得更强大……竞争对手可能在某种程度上拥有一些你没有的力量。你应该同时观察自己和竞争对手,观察对手什么地方做得比你好,你应该学习什么。我认为面对竞争的唯一方法是让自己更强大,所以我完全接受竞争。如果你通过竞争变得更强大,那么你理应在竞争中占上风……(V,总经理)

受访女性再一次将她们对竞争的积极态度归因于她们的成长过程,并提供了在校时期的一些例子。那个时候,这些女性已经想要成为"第一",她们认为取得胜利是非常重要和有价值的。许多人说她们小时候玩游戏时就输不起,或小时候就有远大的理想,如"想成为乒乓球世界冠军"。对许多女性来说,她们的父母(以及学校和其他孩子)影响了她们面对竞争的态度。对成功的渴望和让自己变得更有影响力的目标被认为是参与竞争的动机,另一个动机是获胜时感受到的幸福感。对竞争持积极态度的女性会主动寻求竞争。一位女性称她特别想搬到德国工作,因为她相信,在那里她能够遇到更多的竞争。

> 这个故事有点儿好笑,但它有助于解释我对竞争的态度。小时候,像其他孩子一样,我会和妈妈玩纸牌游戏。如果我觉得这局赢不了,就不想继续玩了。我会找各种理由中途退出,比如我病了、我累了。如果我极有可能赢一局,那我会非常积极地参与游戏……在以后的工作中,我总是想成为最好的,做最容易被认可的人。但当我成为一名领导者时,这引发了一些问题,我可能无法欣赏与我不同的人。我鼓励人们接受挑战,积极进取,无法欣赏比较克制的工作风格……

当然，后来我慢慢学会了理解。我天性好竞争，必须更好地管理自己的这一面。(C，人力资源总监)

我是一个非常喜欢竞争的人，也许这与我的成长方式有关，与我父母对我期望很大有关。我想成功，想拥有更大的影响力，想把我的知识运用到方方面面。(H，副总裁)

是的，这就是我想回到德国的原因——我想面对更多的竞争。我的情况比较特殊，所以在这里没有遇到什么能与我竞争的人。我觉得自己很有能力，而竞争有助于我的发展。(B，副总经理)

受访者认为女性比男性更有竞争力。一位负责1000多名员工的销售高管讲述了她与中国男性和女性在竞争环境中相处的经历。在她看来，总的来说，女性更有进取心，也更密切地观察竞争对手，发现竞争对手的弱点。她说自己在应付工作中的竞争时非常轻松。

我觉得男性更害怕丢脸，而女性往往很强硬。她们极具进取心，否则也不会在那样的岗位上。女性非常有竞争力，甚至她们自己都没有意识到这点。她们不怕丢脸，因为想要赢，一直赢下去。"如果一位女性和一位男性在同一岗位上，通常这位女性的能力要比男性强三倍。"这是我老板10年前说的话。(X，总经理)

另一些受访者称，她们专注于自己的技能和行为，因为她们非常资深，职位高，所以不再需要应对竞争。对这些女性来说，竞争不再具有任何实际意义。她们把竞争看作在职业生涯早期做的事情，那时她们还处于职业生涯的上升期。

我的年龄越来越大，竞争也不再那么明显了，我不再需要与任何人争夺任何特定的东西。所以我更关心我自己，换句话说，我每天都在和自己竞争，问自己是否比以前做得更好，这也是随着年龄增长而发生的变化。（M，首席财务官）

当被问及竞争的弊端时，一些女性回答，只有在一个公平的环境下，能为公司带来好的结果时，竞争才有意义。受访者反对不公平竞争。根据这些女性的说法，表现更出色的人理应得到尊重，这样的晋升才不会招致不满。

竞争对我来说更重要的是灵感的来源，我一直认为自己能从中学到一些东西。大多数时候，面对竞争我会感到很兴奋，当然这是在公平竞争的前提下。如果是不公平竞争，那我可能就没什么兴趣了。举个例子，如果我在和对方理论，而对方不讲道理且情绪化，那我就会对这段竞争失去兴趣。（Q，总经理）

共有 9 名受访女性表示对与他人竞争毫无兴趣，因为竞争令她们感到不愉快，或者她们所在的公司没有竞争文化。一名受访者表示，她就是不喜欢竞争，只有在她绝对有把握取得胜利的情况下才会参与竞争。还有一些女性提到，她们获得了晋升，而其他人却因此回避她们或离开了公司。

霍夫斯泰德认为，在少数群体中，对竞争的消极态度可能是由于文化背景的影响，即中国的集体主义文化倾向。根据这一理论，竞争的欲望与传统的以群体为中心的价值观背道而驰。一些受访者认为，冲突与竞争密切相关，因此她们应该尽量避免不必要的竞争，以减少冲突。在关于魄力的讨论中，我们会更深入地探讨处理冲突的能力。

总的来说，大多数受访者对竞争持积极态度。这与曼纳等人的研究结果一致，即中国的管理者比非管理者更愿意参与竞争，更愿意在群体中脱颖而出。

经济上的考虑——职业生涯早期阶段的强大动力

受访女性提到了内在和外在的职业动机,其中涉及晋升到高级职位的经济激励。受访者非常坦诚地将这个因素作为激励她们的关键因素之一,尤其是在她们职业生涯初期。这些女性指出,她们有很强的谈判技巧和财务目标,工作中的经济动机是被社会广泛接受的。女性晋升到公司高薪职位的主要目的包括为家庭提供支持和保障、经济独立(尤其是从丈夫那里),以及提高自己在家庭中的地位等。

回头看看走过的每一步,从直觉的角度来说,我真的天生就很喜欢钱,确实是这样。我这么说的原因是,如果你看过我做过的所有事情,你会发现我总是非常独立。成年后,我没有向父母寻求任何经济支持,大学的时候就做了很多兼职工作,其中一个兼职是给小孩子补课,那使我赚到了一些钱,足以养活自己。我总是想要经济上的自由。(J,亚洲人力资源总监)

我认为有钱意味着自由,让我能控制自己的生活,这也是我的动力所在。事实上,我的收入比我丈夫高得多,而我丈夫的收入已经基本上可以应付家里的日常开销……我有管理我的钱的自由。我喜欢这种没有人控制我的状况。在我很小的时候,父母就让我去做自己喜欢的事,所以我享受这种不受拘束的感觉。这就是我的工作动力,钱是我赚的,我为自己赢得了自由。(L,人力资源总监)

他们问:"你还想要什么?我们付给你的工资对中国人来说已经足够了。"我说:"是的,但公司因为我在这个职位上而赚了很多钱。这个职位是有偿的,无论男女,无论德国人还是中国人。"最后他们同意了我固定工资加奖金的薪金要求。如果公司效益好,我就会得到更多的奖金,如果不好,奖金就会下降。这与我的业绩有关。最后我退

让了一点儿，因为最终结果还不错。（M，总裁）

首先，我认为A公司的薪酬更高，福利更好。其次，我认为认可对我来说很重要。我相信，如果我付出足够的努力，就会得到我应得的。（J，销售总监）

中国经济飞速发展，这些女性的收入也成倍增长。她们大多是七〇后，在她们看来，当时的中国并不富裕，女性需要挣钱养家，改善生活，但同时不必为更多的钱奋斗，只要表现良好，加薪几乎是理所当然的。总的来说，她们这一代人的工作动力来自成就和金钱。然而，她们表示，一个人越往上爬，财务动机就越不重要，慢慢会被其他内在因素所取代。

主要的工作动力是获得尊重，还有钱。如果你在高级职位上，那么你就挣得多，比别人都多。现在，我的动力是自我满足。（S，人力资源总监）

只有一小部分受访者表示钱对她们来说不是特别重要。然而，这个答案是相对而言的，因为她们已经上升到一个很高的层次，在经济上很宽裕。两名女性反馈，她们在明知会减薪的情况下仍然选择了跳槽。

当被问及地位在其职业生涯中扮演什么角色时，受访女性说，地位首先代表着成功和来自家庭的认可，意味着父母和孩子为自己的成功感到骄傲。地位的另一个含义是：在公司中，她们被认为是专家。

许多受访者把在业内的地位与良好的声誉画上等号，也把在一家有良好声誉的公司工作视为一种地位的体现，因为这为她们赢得了来自社会的赞赏。女性只有在公司成功并符合公司文化的情况下，才会要求公司提供外部可见的地位象征。此外，她们还认为地位使她们在公司里更容易完成工作。

> 我想说，地位对我来说很重要。但只有我努力工作，才能获得地位。A公司问我是否想要一个更大的办公室。我说不，我们得先挣钱，然后再去考虑要不要换个大点儿的办公室。在第一家合资企业工作时，我获得了一辆奔驰作为奖励，但我有一辆旧车，其实并不需要它，但如果公司效益不错，那我就会想要。如果我们公司发展到能够为员工建一个游泳池了，那我才会想给自己也建一个。（M，总裁）

> 当我离开B公司的时候，我非常自豪。北亚区总裁让我的老板为我举办一个欢送会，并送给我一份非常精致的礼物。那是一件水晶工艺品，非常昂贵。我们大中华区整个人力资源部一起去杭州，住在五星级酒店，参加我的欢送派对。这是北亚区总裁给我的非常特殊的告别礼物。这真的不可思议，代表我获得了认可。（M，人力资源总监）

女高管们用简单的风格布置办公室，没有什么可识别的身份象征。首席执行官和副总裁的办公室与总监的办公室仅在房间大小上有所区别。所有接受采访的女性都有一名私人助理和一间带窗户的办公室，但没有一个人有传统的接待室。女助理的工作地点在老板办公室附近的开放式区域里，访客无法立即辨认出她们的身份。因此，对于受访女性来说，地位主要意味着来自家庭、社会和公司内部的认可，不彰显于外。

领导动机和对权力的需求

为了被赋予领导责任，一个人需要有领导动机。领导动机是一个关键的职业生涯决定性因素。研究表明，有领导动机的人更有可能晋升到高级管理岗位，女性也是如此。领导动机基本上反映了一个人对权力的渴望，包含两个层面：第一，直接对他人和社会环境施加影响；第二，成为他人的榜样。根据麦克莱兰等人的理论，判断领导动机强弱的核心要素是对成就的需求、对权力的需求以及对社交的需求。具有较高领导动机的人对权力的渴望较大，但对社交的需求较低（例如，对建立友谊的兴趣较低）。受访女性的回答显示了她们想要在公司和市场中扮演榜样角色的需求和愿望。此外，她们也有同样的动机去影响和支持他人。这些女性对领导动机的描述主要集中在做榜样的决心、承担责任的意愿以及影响他人等方面，并把成为受人尊敬的榜样作为她们的主要动力。

> 我想成为一个在专业方面受到同事认可的人，我可以支持他们，他们也可以向我学习，从而获得成功……（S，人力资源总监）

受访女性认为自己有责任激励和支持员工，这样员工才能得到发展。一些研究认为，中国领导者通过帮助追随者获得成功来建立自己的形象，并通过给予他们发展事业的机会来笼络人心。这与那些想要支持他人的女性的描述相吻合。为了实现这一目标，受访女性会根据具体情况给下属委派任务，发出明确的指示或提供指导。受访女性还回答了"自身与权力的关系以及这种关系在其职业生涯中所扮演的角色"这一问题，许多女性认为，中国的女性高管非常善于行使权力，而且比男性高管做得更好。她们将自己与权力的积极关系再次归因于成长经历。有权势的父母从她们很小的时候就开始教她们如何在以后的生活中行使权力。这些说法表明，不要害怕权力这点很重要。

> 我的父母都是有一定权力的人，我从小就见识了他们的强大。我会见到各种身居高位的人，但对我来说，他们也都是普通人。我不害怕大老板，因为我从一开始就为他们工作。有时候，在大型会议上，我会直言我的想法，这会给有些人造成困扰……我的同伴说："这个女人天不怕地不怕，她太勇敢了……"我不怕，我从不害怕，这是最重要的。（M，总裁）

这些女性还强调了伴随权力而来的责任。她们中的一些人并不认为自己的权力有多大，因为公司制度及各种规则通常会限制公司内部权力的行使。另一方面，诸如解雇或雇佣员工等权力被夸大。这些女性说，她们的个人目标是谨慎地行使权力，而不是滥用权力，权力的使用必须公开透明。受访女性将由地位等级产生的权力与由沟通技能和魄力产生的权力区分开来。她们认为等级权力更直接，但不想把它作为主要工具使用，只有当需要快速做决策时，她们才会用到这种权力，因为过度使用等级权力等同于"不成熟的领导"。一位受访者将权力定义为内心平和。关于这一点，她解释说，拥有权力也意味着得到老板即外国总经理的完全信任。另一位女性评论说，她认为"权力"这个词是负面的，她更喜欢用"指明方向"这个说法。只有一位受访者明确表示她对行使等级权力有负面情绪反应。整体来看，基于说服力和魄力产生的权力经常被用到，而且在情感上更受欢迎。这些女性认为，来自团队的认可以及日常工作中与同事的良好关系非常重要。然而，她们中的许多人说，她们的行为通常并不取决于别人的意见。这一点在团队导向部分会进一步分析。

工作行为——坚定不移和随机应变

取得职业成就特别重要的一个人格要素是尽责性，其对于职业生涯的益处显而易见，并且已经在许多研究中得到证实。志向远大、高度自律、守信、有毅力等都是尽责性的体现。在受访女性的回答中，自律、毅力和勤奋这三个词出现频率最高。

在大五人格理论中，灵活性被归为开放性。在职业生涯发展中，对工作的变化持开放态度是很值得关注的一点，这涉及灵活适应变化的能力。亨等人的研究表明，尤其对女性来说，灵活性与成为高管之间存在联系。上海女性职业生涯研究室的女性一再把自己描述成既灵活又欢迎变革的人，她们中的一些人讲述了自己是如何不断地寻找新的挑战和多样性的。

过度单调的工作和职场环境所引发的无聊状态令她们抗拒。在她们的叙述中，"接触许多行业""体验不同的业务""看到不同的管理方式""体验不同部门的不同角色"等表达频繁出现，这意味着接触不同类型的工作与高度的灵活性密切相关。

> 对我来说，一个重要的挑战是了解其他国家的不同市场。我不知道我是怎么想到去马来西亚的。那时我们没有人力资源部，在我接手之前，整个团队都走了。这是非常具有挑战性的，我连工资怎么计算都不知道。我们一起讨论一揽子计划是什么，有什么益处，我们需要的一揽子计划的预算是哪些。我完全不知道什么是政府合规、监管和货币需求，但是我需要在3天内完成与此相关的工作。我每天最多睡3个小时，整个周末都待在旅馆里。我搜索了当地政府的网站，一项一项政策学习，并咨询我在马来西亚的外部人力资源顾问，请她提供指导意见，甚至在周末打扰她，对此我感到抱歉。（K，人力资源总监）

> 当时我不知道自己对哪个行业或哪个公司会比较有兴趣。我去A公司面试，顾问的角色听起来很有挑战性，很有趣，所以我加入了A公司。当时我想的是这是件好事，因为我可以接触到很多不同的行业，还有许多不同的业务问题……（C，总裁）

> 我寻找的不是平衡，我要的是拓展和挑战。我想从一个辅助的角色过渡到一个非常有商业影响力的角色。我在B公司的第一个角色是人力资源业务合作伙伴。我主要负责重新制定公司规章制度，支持公司进行变革、裁员等各种艰难的工作……（L，人力资源总监）

受访女性不仅在工作中表现灵活，在地域流动方面也非常灵活。这方面的例子包括搬迁、远离家人和通勤。女性们接受经常离开她们的家庭，如有必要，她们可以在家庭和公司之间往返，有时往返数千公里。出现地域流动情况与跨国公司的扩张有关，例如，在中国开设新工厂或办事处，或收购新的销售区域。许多女性的职业发展路径都与中国经济体制改革后的企业扩张同步。这些女性需要接受精神和地理上的变化，以及灵活地重新安排家庭角色。许多女性展示了高度的灵活性，可以在满足公司需求的同时发展自己的职业生涯，甚至在非常困难的情况下，如伴侣生病或孩子年幼。

> 我总是先选择工作，这就是为什么我在2007年做出决定，在上海工作大约10个月。我每周都回北京，因为我的儿子和丈夫还在北京。我到上海只是临时顶替一个不得不休假8~9个月的同事。我接受了她的工作，也保住了我的工作。我干着两份工作，同时每周还要回北京。（C，人力资源总监）

这些女性称自己比其他同事更勇敢，更愿意承担风险。她们也经常提到做出决定的勇气，并指出不害怕风险这点很重要。与此相关的要素包括乐观主义、充满热情和对于变化的积极态度等。

> 我一直在中国担任高管，我知道在德国获得认可很困难，但我想，总有一天会得到认可的。我工作的第三家公司总部位于莱茵-法尔兹（德国的一部分），它在中国云南省成立了一家合资企业。但云南的条件并不成熟，这家合资企业规模很小，他们需要有人来负责各项工作，而一个强有力的中国合作伙伴是很重要的。（M，总裁）

这些女性称，追求挑战、自我发展和避免厌倦是灵活性背后的主要动机，她们欢迎并寻求变革，这与接受不确定性的能力密切相关。

有魄力、自信和处理冲突的能力

在大五人格理论中，一个人对他人的开放程度是由外向性的维度来衡量的。发展和维持人际关系在职业环境中与外向性高度相关。在采访过程中，笔者通过对 35 名女性的观察，主观评价了她们的外向性和开放性。除了两名女性外，其他所有人都本着开放的精神参加了访谈，并在短时间内迅速与笔者建立了良好的关系。从采访的长度来看，所有女性都谈得很多，她们描述个人优势的细节令人印象深刻。当然，她们也会公开和自信地谈论自己的缺点。总的来说，这些女性对问题的反馈很积极。通过观察，我们可以主观地判断这些女性是不是喜欢与人接触。此外，评估她们的开放程度也可以参照她们对人际网络建立这一问题的回答。如果我们认为此人比较内向、不喜欢与人接触，那么她对建立人际网络的兴趣也就比较小，或者至少觉得这很难。大多数受访女性都比较外向。

在 BIP 中，有魄力指的是一个人在社交场合中占主导地位的倾向。霍西普等人则认为，有魄力是指即使面对阻力也能坚持不懈地努力实现自己的目标，并具有很强的处理冲突的能力。据此，笔者设定的问题是："与其他人相比，高管们是如何坚持不懈地追求自己的目标的？"

一些女性指出，进行有说服力的沟通是她们的强项之一。

> 我认为我的优势是沟通能力和同理心。在合资企业中，沟通是必不可少的，很多时候，你需要自己说服你的合作伙伴。我有语言和沟通方面的优势。命令是不起作用的，说服很重要。（J，总经理）

> 作为一名女性，我能很好地与人沟通。我不擅长逻辑演讲，但我可以用一些好的例子来说服别人。（M，总裁）

> 这是我的优势——我以目标为导向，不怕阻碍。我不害怕改变，会去主动寻求改变。我想学习新的东西，这也是我的优势。另外，我有大局观。（B，副总经理）

大多数女性反馈了她们在面对冲突时的态度和反应,她们更倾向于避免冲突。在中国文化中,尊重和友好是很重要的。中国管理者的主要传统价值观是保持良好的人际关系,即使在发生冲突时也要保全对方的颜面。根据一位女性的说法,来自其他国家的老板有时会因为无知而不尊重这种传统,这往往会产生严重后果,甚至会导致中国经理辞职。

我不太擅长处理冲突。在A公司时,我们不常争执,大家都特别温和。但是在另一家公司,我有过一次非常糟糕的经历。有个人从美国过来,我们吵了一架,他在一群人面前把我说得像个傻瓜一样。我处理得不太好,只是沉默不语。虽然我很受伤,但我不得不隐藏我的情感。这是我决定离开这家公司的原因之一,我没法继续待下去了……

如果我的下属在我面前争吵,我不会偏袒任何一方。我不会说谁对谁错,即使我认为有人对,有人错,我也不会那么说。我会确保没有人感到丢脸。(C,人力资源总监)

然而,也有一些女性很欢迎冲突,这意味着她们更接近于直来直去的美国风格。从这些女性的反馈来看,她们似乎没有把这种更直接对待冲突的做法当作融入其他文化的尝试,而是把它当成自己性格的一部分。她们故意把冲突带到表面,以便寻找解决方法。在回答与此相关的问题时,这些女性经常使用"进取心"和"强硬"两个词。她们称自己有魄力做出让人不愉快的决定,比如解雇员工。几位女性明确地提到了她们处理冲突的能力。

"坚忍不拔"这个词也经常在受访女性的表述中出现。这是一种在面对困难的时候坚持下去并做出艰难决定的能力。

> 在刚加入合资企业的时候，我很年轻，一直奋斗到苦尽甘来，取得了一切。现在我更好了，会妥协了。小事情我都会放手让员工自己决定，不过多插手，但是重要的事情，我仍会坚持到最后。不管怎样，我一路披荆斩棘奋斗到总裁的位子，他们都说我很有魄力。（M，总裁）

这些女性还提供了典型的冲突例子，有解雇员工、竞争更好的职位、和老板意见不合、加班、嫉妒、与部门或外部合作伙伴站在不同的利益角度、员工表现不佳等。

许多女性非常注意从情感方面处理冲突，首先是控制情绪：感情需要宣泄，随后才能平静下来。当员工之间发生冲突时，这些女性会像朋友一样真诚地对待他们，表达友善，之后再对员工进行教导，找出问题所在，公正听取双方的意见和愿望。

> 我认为，首先要把情绪释放出来，不要被情绪压倒，因为情绪会让你怒火中烧，消耗你的精力。把情绪放到一边，回头再看看这个问题，是不得不接受，还是有其他解决办法。如果别无选择，就帮助自己和团队去接受它，如果还有转圜的余地，就想办法。如果我们让情绪吞噬了，就不是为问题争论，而是为情绪争论，这样没什么意义……每次遇到不如意的事情，我要么做点儿什么，要么选择接受，我一定不会让自己为这件事情绪化。（C，总裁）

在发生冲突时，一些女性喜欢关注事实，专注于具体问题，并且不"过度激动"。

当大家对某些事情有不同意见时，冲突通常会出现。在工作中，遇到冲突很正常，该怎么控制它们？通常情况下，我是一个非常理性的人。我会陈述很多事实，等别人说服我，或者我说服别人。但我通常不会太激动，即使激动了，也会试着先冷静下来。比如当我写邮件的时候，如果情绪激动，我就不会马上发邮件，而是把它保留几天，直到我把所有的情绪都宣泄出来，才会把邮件发出去。我不太擅长当面交流，当我开始与人热烈讨论时，情绪会反映在我的脸上，我会有一点点失控，这是我需要改进的地方。（M，首席财务官）

你必须先仔细地观察对手，这非常重要。针对每个人都要有一个明确的战略，要知道什么对对手来说很重要、什么不重要，不要在他重视的点上太强硬，适当做出让步，找到折中的办法。但是也有一些人咄咄逼人，总想让你屈服，这种时候你也要强硬起来。对于重要的事情，要立场坚定。（Z，总监）

较为年长的女性不仅学会了为自己的解决方案去斗争，而且还学会了避免把冲突过个人化，设身处地为别人着想。她们将自己的理想策略描述为基于确凿的事实去争论，并保持理性和冷静，适时妥协。其他受访者则明确表示，在发生冲突时，尽全力取得胜利仍然是她们的主要策略。她们举了一些生活中的例子，如与丈夫发生冲突时，她们会放任自己的情绪，在丈夫面前竭力维护自己的利益。

总之，受访女性认为自己很有魄力。极少数女性倾向于逃避冲突，这有一定的文化背景。另一些人则认为自己善于处理冲突，非常好斗。随着年龄的增长，一些女性应对冲突的策略发生了变化，从持续竞争到选择妥协和合作。对许多女性来说，在与员工打交道时，保全对方颜面很重要。

在中国的文化背景下处理批评和错误

按照中国的文化传统，直接的批评被认为是对人际关系有害的，因此人们总是避免这种行为。总的来说，受访女性在这方面非常矛盾。

> 如果我犯了错误，我不会觉得丢脸，反而会说："嗯，对不起，这是我的错，我需要改正。"如果需要我把工作上的失误说出来，我也觉得可以。但我不会责怪团队。如果他们做错了，我就会问几个问题，引导他们往好的方面想。例如，销售收入下降了，在销售会议上，我就会让员工考虑我们可以改进些什么。（S，人力资源总监）

从理性的角度来看，这些女性试着把批评看成改进的机会。从情感上来说，批评被认为是可耻和不愉快的，这导致中国管理者传统上喜欢采取更间接的沟通方式，更倾向于避免冲突。这种继承儒家传统的管理方式，之前我们已经详细讨论过了。根据受访者的说法，中国女性比男性更容易接受丢脸，比男性更能冷静地接受批评。另一方面，她们也注意到女性更挑剔，因为女性比男性更能全面地考虑问题。此外，女性很坚韧，正如一位受访者所说，在受到挫折后"能够再次振作"，而且女性比男性更容易在犯错时通过一些行为来缓解自己的紧张情绪，例如哭泣。

> 首先，我在职业生涯中没犯过什么大错误，因为我非常谨慎。每次做决定或判断的时候，我都会进行大量的调研。当然，我犯的错误微不足道，但我会承认："我很抱歉。"（S，人力资源总监）

> 女性是非常坚韧的，而且事实上，我认为女性在失败时会比男性更坚强。所以当女性失败了，会继续尝试，随后又去面对一次又一次的失败。而如果男性失败了，可能需要更长的时间来恢复活力。典型的例子是，我的女同事和男朋友分手后，很快就能恢复过来，但对男性来说，这很难……我认为男性好胜，而且男性觉得失败是丢脸的。但女性将失败视为一种自然现象，没什么大不了，然后她们又重新振

作起来。(T,总经理)

  我想,接受自己是一个失败者真的很难,这会给我很大的压力。一开始,我努力工作,避免被视为失败者。后来,我越来越多地学会了接受失败,但年轻的时候还做不到……我认为,在我们的文化中,女性比男性更容易接受事业失败。但是在个人生活中不是这样,失败对男女来说都是难以接受的。(C,人力资源总监)

虽然犯错后勇于承认错误,但受访女性还是倾向于避免犯错,"我不能原谅自己的错误"和"我选择了'安全的方法',以避免犯任何错误"是典型的答案。整体情况与2012年亨对德国女性高管进行的研究结果相似:在德国,大多数女性承认自己很难处理错误和失败。然而,也出现了一些差异:在德国的研究中,一些女性认为,男性更善于应对失败(尽管这一点只被提及了几次);中国女性则认为自己比中国男性更善于应对失败。

自信满满的女性

上海女性职业生涯研究室的女性普遍认为自己自信或非常自信,只有4名女性认为自己不是很自信,或者认为如果自己更自信,就会更成功。受访女性都认为高度的自信是职业生涯成功的一个重要因素,自信常常等同于勇气。当被问及自信如何体现时,这些女性说,自信可以从一个人的举止、眼神和说话方式中看出来。许多女性相信这是一种与生俱来的能力,在儿童时期,她们就已经有了一些领导天赋,例如,在人群面前讲话毫不怯场。一位受访者表示,她的高度自信源于她作为女性的优势:良好的直觉、有说服力的沟通风格,以及感知别人无法察觉的事物的能力。

  自信来自我作为一名女性的良好直觉。利用这一点我说服了很多人,因为我知道这就是我的优势。许多人看不到的东西,我能够感受到。我学习起来也更轻松，更快（笑）。每一个新的环境，每一个新的话题，我都能很快接受。我相信这会让我变得更强。（M，总裁）

受访者说，自信和有魄力是中国女性尤其是上海女性的关键特征，她们所有的女同事都非常有魄力。个别受访女性把高度自信等同于不太关心别人，只关注自己，称"我不能把时间浪费在别人的感情上"。然而，这类回答很少，无法代表整个研究室的想法。一名女性说，当她进入国际化环境时，她必须从头开始建立自信心，一个阶段的学习和适应是必要的，直到她觉得自己在跨文化环境中已经达到了平时的自信水平。另一名女性反馈，在一所德国学校上学帮助她建立了高度的自信。

自我表现能力

施耐德认为，个人影响他人对自己的看法，是为了尽可能地给人留下积极的印象。为了做到这一点，人们制定了深思熟虑的策略，并根据这一目标调整自己的行为和言论。根据前面提到的研究，极端的自我表现能力和这种能力的完全缺失都会对职业生涯产生积极影响。

关于自我表现，受访者最常给出的回答是"我不擅长"。这种自我认知是合理的，因为她们与公司里来自其他国家的人之间存在文化差异。这些女性称，"推销"自己并不是中国文化的一部分，中国传统文化要求人们谦虚。在她们看来，害羞是她们不"推销"自己的原因之一。一些女性讲述了她们如何比工作要求做得更好，并相信这会给周围的人留下好印象。她们认为，别人对她们的评价应该基于她们的表现和行为，这比战略性的自我表现更重要。

从本质上说，我还是很谦虚的……我想作为一个中国人，我们通常不会过多"推销"自己。（C，人力资源总监）

我得说，我在做"自然营销"。我按我信的说，按我说的做。我总是想对人真诚，也想对自己真诚，这就是"自然营销"。我没有故意进行很多修饰，也不会炫耀，我只是做好自己该做的。（G，客户关系总监）

受访女性多次提到的一个与成功的自我表现有关的例子是在公开场合演讲，这种表现是基于这些女性的成就和专业知识，有些人甚至因为演讲而获奖。但她们往往没有主动地表现自己，而是被邀请去的。

我以前没有做过（公开演讲），但现在做得更多了……第一次演讲是去年一家人力资源公司邀请我的，向人力资源专业人士介绍我做过的项目。我去的时候，当时上海的200多名人力资源专业人士都在场。我进行了自我介绍，并向那些人介绍了我在这家公司所做的工作。之后，很多人给我打电话，发电子邮件，提出了很多问题，有些人甚至模仿我在他们公司里实施方案，取得了成功。很有意思，我的一次演讲竟然为其他公司和人力资源专业人士做出巨大的贡献。去年我被邀请了两次，一次在上海，一次在北京。（M，副总裁）

那些认为自己有很强的自我表现能力的女性也说，在自我营销之前，首先应该有出色的能力作为资本。谈到如何自我表现时，除了公开演讲，一些女性表示，她们总是会谈论自己取得的成绩，以便让别人注意到自己。

我会向大家展示，我是一个非常随和的人，知识渊博，非常专业，也有很多愿景可以和大家分享，我很强大。（S，人力资源总监）

我只把我的信息放在领英上。我有500多个联系人，但很少"推销"自己，因为没有时间……这可能是我的缺点之一，所以我不能成

为下一个奥巴马。(J,亚洲人力资源总监)

总而言之,这一群体的主流观点是她们并不擅长"推销"自己。在一项针对德国女性高管进行的调查中,超过50%的人认为对自己的"营销"太少。大约41%的人认为,她们在这一领域的表现还算不错;此外,14%的人明确表示,她们希望纯粹以良好的表现来展示自己,因此选择不"推销"自己。上海女性职业生涯研究室的研究结果与此相似。

给人的第一印象

当被问及自己给别人留下了怎样的第一印象以及别人如何看待自己时,中国女性高管们给出了非常深思熟虑的回答。这些回答表明,她们非常清楚自己给别人留下的印象,以及这种印象是如何帮助或阻碍她们获得成功的。根据访谈结果,她们给别人留下的印象可以分为四大类:有魄力、忠诚、亲切和能干。

与"有魄力"相关的描述有坚强、强大、意志坚定、目标导向、要求严格,但同时也对应了不够宽容、严厉和冷漠。女性们很清楚,这些印象并不完全是正面的,但她们不认为这是个问题。她们中的一些人说自己给人的印象是强势和咄咄逼人,但这种形象是积极的,有助于她们在事业上取得成功。

大学时我曾担任班长,被安排作为组长带领大家去工厂实习。一个男同学在我的组里,他和我进行了一次开诚布公的谈话。他告诉我,我真的非常严苛,还用了一些形容词,让我觉得自己有点儿像个独裁者……我一直记得这段经历,因为我并不想塑造这样的个人形象。但在A公司中,我必须这样做,因为自信很重要。我必须表现出自己是一个决策者,非常果断,否则我就赢不了。我天生就是这样的人,这也是我能被A公司录用的原因。他们的招聘理念是,聘用与公

司价值观一致的人。（J，亚洲人力资源总监）

我给其他人的第一印象是，我是个非常有支配欲、坚定、坚强的女性，非常强势，不太宽容，缺乏耐心，因为我说话通常很快。（M，首席财务官）

"忠诚"这一印象即非常注重合规，信任和严格遵守公司规章制度。与此相伴的也有严格而冷漠。受访女性对这一印象也持积极态度。与"亲切"有关的描述包括平易近人、开放、友好、善良、温柔，这些特征符合常见的、传统的女性形象，在人力资源总监身上被多次提及。"能干"包括学识渊博、非常专业、聪明、能够出色地完成任务等，对职业生涯的重要性不言而喻。

少数看起来比较内向的受访女性非常注重自己给人的第一印象。这些女性称，她们在第一印象中显得害羞、安静、镇定，这是一种劣势——她们正致力于克服这种劣势。许多女性强调，不管别人怎么看，她们实际上都非常能干，非常自信。

综上所述，上海女性职业生涯研究室的所有女性都反思过自己给别人留下的印象，并清楚这些印象对自己职业生涯的影响。这些女性着重加强和培养某些方面，也弥补一些不足。

外表——专业且"不要太过漂亮"

受访者一致认同良好的形象和表现对于高管职业生涯的重要性。在她们看来，中国女性高管应该看起来专业，但不应该很漂亮，正如一位女士所说，"漂亮是好事，但不要太漂亮，因为人们会觉得你很难接近"。年轻女性认为，美貌对她们的事业既有好处，也是个限制，有点儿吸引力是一种优势，但太有吸引力不利于晋升，别人容易认为你"不太专业"。总体来说，美貌不太重要。

> 我见过一些长得不太好看的女性领导人，她们的级别非常高，非常聪明，非常敏锐，而且擅长处理人际关系。（V，总经理）

在这一点上，德国女性高管的情况略有不同，37%的人认为有魅力的女性更容易在事业上取得进步（亨，2012）。值得注意的是，上海女性职业生涯研究室的几位女性称自己并不是传统意义上的美人，并且列出了这带来的好处。

> 从来没有人跟我说我很漂亮，我想我给所有人的印象都是既聪明又友好。这有点儿帮助。整体来说，我是中等姿色。从体型上来说，我非常娇小，这对塑造良好个人形象没有多大帮助，因为我的身高没有那么大的存在感。（Q，总经理）

年龄较大的女性用更激烈的言辞表达了自己的观点，她们认为漂亮的外表对女性的职业生涯有明显的不利之处，理想的中国女性高管应该看起来专业、能干、自信、聪明。受访者普遍认为，得体的装扮对于高管来说至关重要。

在笔者看来，研究小组中所有女性都有以下共同点。她们明显不怎么化妆，不涂口红（或只涂无色唇膏），也不戴多少珠宝。服装风格不像德国等国家那么正式。她们不穿裤装，只有少数人穿运动夹克，即商务休闲风，在某些情况下也可以理解为是女性的正装。从她们的着装风格看不出她们在公司的地位。

年龄问题主要是由年轻的女性提出的。她们说，"白发"（指45岁以上的人）是人力资源管理职位的加分项。在某些特殊的行业（例如时尚行业），年轻的外表则被认为是一种优势。一些女性在30岁左右就已经进入了高级管理岗位，她们认为自己年轻的外表会有损她们作为高管的形象，这种情况在德国企业尤为明显。

中国女性的领导风格

领导力有许多不同的定义，所有的定义都有一个共同点，那就是说服他人暂时搁置个人的担忧，去追求一个对群体利益很重要的共同目标（豪格等，1994）。没有一种完全正确的领导风格，只要某种领导风格适合当前情况，它就是正确的。领导力通常与关注未来、保证他人利益以及为组织成功做出创造性贡献联系在一起。人们常常认为女性没有领导能力，尽管事实证明，她们有时办事更有效率，而且拥有优秀的才能。盖洛普的一项面向全球各地的调查显示，受访者普遍偏爱男上司。喜欢男上司的女性和男性分别占受访女性和男性的40%和34%。女性管理者在员工接受度上面临更大的障碍（佛里德尔，1990）。研究人员总结了以下几种领导风格，这些风格有的更常见于男性，有的在女性身上体现得更多。

首先是行为风格。第一种是任务导向型风格，指领导者严格按照任务目标发起和组织有效工作，与男性通常给人的印象相似。第二种是以人为本或人际交往风格，指领导者从事的活动倾向于满足人们的道德或福利需求，与女性给人的印象相似。

领导者也可能表现出不同的决策风格。一种是民主决策型，即允许下属参与，与女性通常给人的印象相似，而另一种专制决策型则不鼓励下属参与，与男性给人的印象相似（鲍威尔，2011）。根据伊格利的分析，女性避免高度独裁的领导风格是有意义的，因为这种风格可能会导致激烈反应。

此外，变革型领导、交易型领导和自由放任型领导也是重要的领导风格分类（巴尔布托，2005）。变革型领导理论认为，以变革方式行事的领导者会激励下属做出高水平的努力（艾曼等人，1993）。变革型领导者激励下属将团队的利益置于个人利益之上。这种领导风格具有四个特征：超凡的个人魅力、鼓舞性激励、智力激发和个性化关怀（贾琦和皮柯罗，2004）。这种风格的特点是努力工作和重视人际交往。交易型领导者通过明确角色和任务来指导部下，以某种奖励和利益作为下级努力工作的交换条件。自由放任型领导者则完全避免承担领导责任。

变革型领导风格通常被认为更常见于女性，而男性往往偏向交易型领导风格（罗斯纳，1990）。然而，男性和女性的总体差异很小（伊格利，2007）。不同的研究对领导风格的性别差异程度有不同的结论。许多研究并没有宣称男女之间有明显区别。因为在公司里，同样的角色需要同样的风格，所以人们期望男女领导风格一致。然而，对于女性来说，她们所期望扮演的不同角色之间存在冲突——女性本身的角色应该是有爱心的、友善的，而高管的角色应该是符合男性形象的。具有更多男性领导行为的女性往往会获得负面评价。然而，聪明、中性的女性更有可能成为高管。艾曼等人认为，中性风格是女性高管成功的一种方式。中性管理者通常采用变革型领导风格，将以任务为中心和以人为中心结合在一起，取得更高的领导效率。情境领导理论认为，随着下属成熟程度的提高，领导者应该依次是男性化、中性化、女性化，最后是无差异的。施密特等人的领导理论与此相似，即当领导者的下属表现出更强的独立性、责任感和团队合作能力时，领导者的行为举止会越来越女性化。根据罗斯纳的研究，女性领导者鼓励员工参与，试图灌输群体认同感，促进包容氛围的形成。

综上所述，根据已有性别研究，女性领导风格更偏向于人际交往型、变革型、民主决策型，且更有助于提高领导效率。

♦ 上海女性职业生涯研究室研究结果 ♦

中国女性对自己领导风格的描述——民主与专制

上海女性职业生涯研究室的大多数女性都自发地将自己的领导风格描述为"民主",不认同等级森严的领导风格。所谓民主领导风格,是指开放、鼓励、人人参与的领导风格。

> 在出现问题之前,我认为我们应该讨论一下。也许我的经理有自己的解决办法,我也有我的,我们应该开诚布公地讨论,找出更好的解决方案。我不喜欢等级制度,我认为每个人都是平等的。虽然有人比其他人更有能力,有更多的经验或类似的东西,但是每个人都应该表达自己的观点,然后我们一起做决定。(S,首席财务官)

民主风格的目标是平易近人,尽量减少层级感,并赋予员工自主权。只有四分之一的女性称自己的领导风格更接近于"专制"。

> 我是一个强硬的人,大多数人说我占主导地位,这表明我是一个主导型角色。工作让我变成了这样,我以前不是这样的。我积极开朗,喜欢唱歌、跳舞和运动,特别爱笑,还喜欢缝纫,擅长设计,做过许多好看的东西。起初我想成为一名艺术家,但是我来到了德国,然后被派到云南。云南工厂里的人需要强有力的人来领导,于是强硬成为我的领导风格。(M,总裁)

领导风格自述

民主型
尽量减少等级意识，平易近人，给予自主权，民主，有决断力，思想开放，决策自由，人人参与，鼓励发表意见，赋权并寻求集体智慧
榜样型
以身作则
激励型
鼓舞人心，给出想法，激励
利他型
放权以发展他人，鉴别人才，反馈机制，发展他人的职业生涯
关怀型
灵活性高，以人为本，结合中西方的领导方式，分享情感，关心他人感受，关爱，像中国母亲，像一个家长，尊重和信任
团队导向型
支持他人，带来价值，做出贡献，有良好的人际关系，重视团队合作，以人为本
互信和尊重型
诚实，值得信赖，忠诚，尊重他人，希望得到他人尊重
专制型（四分之一的研究参与者反馈）
主导性强，要求高，领导能力强，任务驱动，告知，结果驱动，不断推进，德式风格，严格，指示明确，期望值高

受访者表示，她们以一种效率最大化的方式领导团队，"团队绩效就是我的绩效"。团队导向对于管理者的成功和职业发展非常重要，它指的是为了团队合作而牺牲自己利益的意愿，还包括承担协作的责任，并在团队中分享决策。这些女性称，建立互信关系是她们职业生涯的最高目标之一。她们希望共事者诚实可信，并希望自己也被视为具有这种品质的

人。她们经常把支持他人和为他人的成功做出贡献作为个人的优势和内在动力，并把自己描述为具有高度的以人为本精神的团队成员。在这个问题上，具有同理心和关爱他人被反复强调。同时，团队的认可对所有女性来说都是非常重要的，她们希望被视为榜样。

我想成为一个被公认为非常专业的人，能够帮助同事获得成功。（S，人力资源总监）

一些女性认为跨文化领导力特别重要，而要具备这种能力，倾听和情感理解显得尤为重要。

我认为我有一个优势，那就是在英国接受教育和生活。我学会了如何用西方的方式管理人，同时，作为中国人，我也会和中国的同事及朋友分享我的感受。我把这两者结合起来，这让我在管理员工方面非常顺利……我确实给了他们自主权，让他们去做自己认为能够做到的事情。我是一个非常注重结果的人。我的两位资深经理在我刚加入公司时对我说，他们非常有经验，不需要有人像他们的妈妈一样。我说完全理解，我非常注重结果，只要他们给我结果，我就不干涉他们的工作，前提是不违反规则。他们非常清楚，如果达不到我预期的结果，我肯定会干预。到目前为止，这种管理模式运行良好。（J，销售总监）

目前，我领导着一个五个人的团队，三个人在中国，一个人在马来西亚，一个人在韩国，是韩国人。所以我领导的是一个多元文化的团队。我想，他们会说我是个相当不错的老板。为什么呢？因为我会试着去理解他们，试着和他们沟通，我觉得我在工作中照顾到了他们的感受。我很少花时间和家人在一起，但我会确保他们能花时间和家人在一起。我认为周末有必要出去旅行，如果他们没法买到星期一的航班，要多待一晚，那完全不用担心。我尽量避免他们将私人时间花在工作上。如果他们家里有什么事情，我会说"赶紧回去"。（J，亚洲采购总监）

综上所述，上海女性职业生涯研究室的大多数女性的领导风格都是变革型的，且尤其注重个性化关怀。这与金等人2014年的研究结果一致，这个研究称，中国高管更以人为本。

中西方女性领导风格对比

西方女性领导风格	中国女性领导风格
变革型	变革型
民主决策	民主但有些方面专制
有远见卓识	以身作则，成为榜样
促进沟通	寻求集体智慧
员工参与团队建设	团队发展和团队绩效
提供奖励	发展他人，关心他人，考虑他人情绪
鼓舞和激励	鼓舞和激励
互信和尊重	互信和尊重

通过上表可以发现，中国女性和西方女性的领导风格有几个共同点：重视团队建设，鼓舞和激励，增进互信和尊重等。不同点在于，西方女性领导者更有远见卓识，而中国女性领导者更想成为他人的榜样。

中国女性的领导风格与男性领导风格对比

笔者还询问了中国女性对男女领导风格差异的总体看法。她们认为，在公司里，男女基本上是平等的，女性领导者可能比男性领导者更有同情心，更敏感，总体上更关心员工，是更好的倾听者和沟通者。受访者还认为，女性有时会因为同样的行为而获得与男性不同的评价，而且社会普遍认为女性应该比男性做得更好，因此，处于领导地位的女性应该专注于自己的优势，而不是试图去模仿男性。

女性领导者不能像男性那样行事，这是很多朋友给我的一个提醒。女性领导者要明确自己的优势和劣势，将自己的优势在公司中发挥出来，这是第一点。第二，女性领导者的优势是更感性，所以人们喜欢女性。女性会记住所有的细节，比如生日，要扩大这种优势，让人们意识到只有女性领导者才能做到这一点。第三点是与女性和男性都建立人际网络。但现实并非如此。很多时候，我们忘记了我们应该建立一个女性支持团队，以释放自己的情绪。男性群体往往不谈论情绪。对我来说，仅仅谈论理性的事情是非常困难的，所以建立女性支持团体，即使是在公司之外，也是非常重要的。（T，总经理）

在人力资源总监们看来，女性高管在人力资源或财务等更注重内部任务的工作中领导力不如男性强。此外，也有人提到，微观管理和过分注重细节是女性管理的弱点。一些受访者说，由于社会的期望，一些女性过于注重自己的外表，这也被视为减分项。

在我看来，女性领导者需要大声表达想法。有些女性领导者可能在商务谈判方面不如男性领导者，但如果我们能在这方面投入大量精力，就能真正从专业角度与他人交谈，这将使我们更加强大。（M，人力资源总监）

我不知道这是否只是我的看法，我发现和我一起工作过的女性管理者有一些共同的问题，她们缺乏自信，因此更注重微观管理，更注意细节。而且在社交方面,她们较为弱势,我觉得和她们一起工作相对来说并不轻松。她们似乎更敏感,因此,跟她们相处的时候我也要小心翼翼。(Q,总经理)

这些女性高管称,女性承担的责任是同样职位的男性的两三倍,她们背负着更多的要求,因为在工作的同时还要对家庭负责。因此,人们认为女性高管更有可能过度劳累。受访者认为,家庭对女性的期望高于男性,所以平衡工作与生活对女性高管来说更加重要,她们更喜欢那种注重家庭生活的企业文化。

女性要成功,要担任领导职务,有很多重要因素。首先,即使整个中国社会都在鼓励女性工作,女性在家庭中也仍然扮演着重要角色。即使家里有两个保姆、三个司机,女性仍然需要照顾家庭,仍然有一些事情要亲力亲为。每个家庭都是不同的,工作和家庭的动态平衡点也是不同的,女性需要弄清楚这种平衡是什么。与家人达成一致,我认为这点是最重要的。(H,副总裁)

总结

教育、能力和人格特质对中国女性职业生涯的影响

上海女性职业生涯研究室的中国女性高管普遍受过高等教育(其中一些人拥有多个硕士学位),精通外语。三分之一的女性有过海外留学经历。

她们最常提到的个人能力是有丰富的专业知识和很强的跨文化沟通能力。她们似乎有较强的创新能力,但并不具有远见卓识,只有小部分人认为这是她们的优势之一。

这些女性能够"在不同文化之间切换",拥有全球化思维模式。在这方面,她们认为自己比男性更有优势,尤其是在跨国公司。她们对文化差异很好奇,乐于改变,诚信度高,因此能赢得别人的信任,拥有行业和组织要求的独特专长。

这些女性表现出对成就的渴望和积极的竞争态度,并公开谈论经济需求对她们工作的重要性。她们对领导动机的描述主要围绕着成为榜样的渴望、承担责任的强烈意愿和影响他人的目的展开。大多数人对行使权力持积极态度。然而,她们只在特殊情况下使用等级权力,通常情况下更喜欢运用她们的沟通和说服能力来达到目的。这些女性对于冲突的态度可以通过她们的文化价值观,特别是争取和谐和保全颜面的文化传统来解释。一些女性以非常直接的方式处理冲突,另一些则称自己采取了高度理性的方式,少数女性倾向于逃避冲突。这些女性特别灵活,不仅表现在她们的工作上,也表现在地域流动上。许多人欢迎并寻求变革,即使很难与家庭生活平衡,她们也仍然愿意接受职业上的挑战。这些中国女性高管非常自信,但涉及自我表现时,情况就不同了:大多数女性并不认为自己善于表现。

上海女性职业生涯研究室的女性的领导风格大部分为变革型以及部分专制的民主型。一些女性将自己的风格描述为中西方领导风格的混合体,认为中国的领导风格更注重情感关怀。所有女性都表示,她们重视团队建设,愿意发展相互信任的人际关系,支持他人,并发挥了榜样作用。

中国女性的职业生涯道路与模式分析

女性的职业生涯模式——传统路径与非传统路径

为了更准确地描述女性的职业发展情况，一些研究人员提出了有关职业生涯模式和职业发展路径的问题。职业发展路径描述了一个人是如何从第一份工作发展到现在的工作岗位的。职业生涯模式则有助于描述职业生涯特性，并作为预测未来职业发展走向的指标或模型。这两个概念在研究中经常互换使用。人们相对熟悉的传统职业发展路径的典型特征是向上移动性强，很少给横向移动或频繁的组织间变化留出空间。较新的职业生涯模式是，员工通过在不同组织之间进行转换得到晋升。

女性的职业生涯表现出了比男性更广泛、更多样的模式，职业生涯专家探讨过女性的生命阶段及其对应的职业生涯阶段。研究表明，女性职业的过渡期与她们生命中每十年的转折有关，在这些转折中，她们生命中各要素或要素的优先次序发生了变化。根据加拿大研究人员的研究，一半女性的职业发展路径是持续向上的，另一半女性的职业发展路径显现出了向下、横向移动、短暂或静止等特点。

职业生涯模式正在迅速变化，越来越难以预测。新的职业发展路径不能再简单地融入传统的职业生涯模式中，而是需要新的概念来解释。各种职业生涯模式分类试图描述这些新路径。一些研究人员专门研究女性的职业发展,而另一些则不分性别。

职业生涯对受访者的重要性

对中国女性来说,事业的重要性与她们对成功的理解以及对成就的满意程度密切相关。此外,如何平衡工作与生活对女性的职业生涯至关重要。当被问及个人对成功的定义时,受访女性提到了主观和客观因素。满足感、幸福感、愉悦感、成就感是最常见的主观因素。客观因素则包括良好的结果、有效率和实现高目标等。值得注意的是,在这些女性对成功的定义中,支持和帮助他人被多次提及。单身女性尤其提到要回馈社会。

对成功的定义(可有多个答案)

反馈	人数
满足感和喜乐	19
满足感 / 快乐 / 享受 / 感觉良好	12
成就感 / 实现梦想	3
对自己满意	2
干自己热爱的工作	2
结果、目标和价值	18
结果很好 / 完成计划	9
提高组织效率 / 提升个人价值	6
达成高目标	3
获得认可	4
支持别人 / 看到别人进步	6
良好的家庭生活 / 平衡工作与生活	6
经济独立	2
学习、个人发展	2

几项研究表明，女性在定义事业成功时往往侧重于主观因素，男性则更青睐客观因素。这一结论无法在上海女性职业生涯研究室中得到证实。这些女性在定义成功时，提到的主观因素和客观因素同样多。

当被问及如何区分个人成功和事业成功时，大多数女性给出了以下答案：个人成功指拥有一个幸福的家庭，通常这个家庭的概念包括孩子，而事业成功意味着获得尊重、认可和取得进步。一些女性明确地优先考虑事业成功，另一些女性则努力在事业成功和个人成功之间取得平衡。只有一名女性表示，她优先考虑个人成功。这些答案与其他对女性高管的研究的结果一致，大多数成功女性显示出高度的以事业为重的倾向。

> 对我来说，事业上的成功更重要。我的私生活很简单，我没有组建自己的小家庭，只有我的母亲和兄弟，虽然有时候我要花时间陪陪他们，但总的来说，他们不太占用我的精力。虽然我也试图去保持工作和生活两方面的平衡，但因为我的个人生活相对简单，所以我会更多地考虑事业上的成功。（C，总裁）

许多倾向于保持工作与生活平衡的女性讲述了她们如何在职业生涯的早期专注于事业上的成功，然而随着年龄的增长和地位的提升，她们意识到个人成功也很重要。

> 我认为这是大多数中国人的问题，我们总是把工作与私人生活混在一起。上周我参加了一个培训，一位同事告诉我，她觉得，如果她离开A公司，那她就失去了全部，她也不知道接下来会发生什么。我可能也有同样的问题（大笑），我之前总是认为我能在事业上做得更多。但是从去年开始，我做出了一些改变，这让我对自己的个人生活更加满意。我发展了一个爱好——书法，这让我感觉更快乐了，因为

我以前没有爱好。这是我迈出的一小步,但对我来说意义重大,因为我可以在别的方面证明我自己了。我会重新思考个人成功对我意味着什么。(C,人力资源总监)

有趣的是,上海女性职业生涯研究室中大多数以前没有在国外生活过的女性在相对年轻的时候(23~25岁)就成为母亲,而成为母亲并没有改变她们对职业生涯的态度。这些女性称自己在40岁之前主要专注于自己的职业生涯,而不考虑她们作为母亲的角色,只有个别受西方文化影响比较大的女性会同时关注事业和家庭。许多受访者表现出西方研究中更为普遍的男性特点。这些答案与2001年一项有关价值观念和社会地位的研究的结果相一致。该研究涉及来自台北、香港和上海的1550名中国女性。在这项研究中,81%的上海女性认为职业生涯非常重要,多于台北(66%)和香港(61%)的女性。当然,在本研究中,虽然女性专注于自己的事业,但家庭对于所有女性来说都有着非常重要且毋庸置疑的价值。

说实话,在过去20年里,我想成为一家跨国公司的专业经理,拥有各种各样的技能……但最近我开始想要有一个令人满意的家庭生活,尝试平衡工作和家庭。我的丈夫已经在美国待了很多年,我在考虑是否要追随他。(X,业务部总监)

我非常喜欢我的工作,这让我每天都充满活力。我也很享受我的个人生活,但我没有办法投入太多精力。我记得有一次我在接受领导力培训,印度冥想大师问了我们一个问题:"你能想象5~10年后你的办公室是什么样子的吗?"我深入思考了5分钟,发现,过去当我在A公司工作时,我的办公室里没有家人的照片,只有与公司相关的各种物品。现在,我来到新公司,家庭照片越来越多地出现在我的办公室中,甚至还有我儿子给我的小便条,以及全球各地的同行们给我的一些小便条。我的培训伙伴会寄圣诞卡给我,每一张我都保留着。这些东西都被我放在办公室里。我还留着一两个A公司的奖杯,这会让我回想起我之前的工作经历。工作是我人生的一部分,但不是全部。(A,副总裁)

一些说自己努力在事业成功和个人成功之间取得平衡的女性,把个人成功等同于有足够多的时间陪伴孩子。"你不可能拥有一切。"一位女性在讲述陪伴孩子与全身心投入工作之间的冲突时这样说道。

  我觉得自己没有那么成功,因为我没有足够的时间来陪伴孩子。我尽量多花时间陪伴我的父母,他们都70多岁了。我会带他们度假,给他们买房子。我儿子说我仍然是一个成功的母亲,因为我周末不会去办公室,也不会把笔记本电脑带回家。虽然做的远远不够,但我会尽量多花时间和儿子在一起,和他讨论一些话题。他7岁了,已经有了自己的想法。(J,总经理)

  我认为个人成功对我来说很容易,就是陪伴孩子。我非常坚决地认为不能把孩子托付给他人抚养。我亲自辅导他们的家庭作业,不会去雇家教。如果你现在错过了孩子的成长,你就永远错过了。(H,副总裁)

  我认为事业成功取决于工作……我想努力工作,快乐地工作。工作上的成功体现在你得到了你的薪水,这样你就可以为家庭做出贡献。所谓家庭的成功,我觉得首先是整个家庭的幸福,包括丈夫、孩子,甚至是双方父母的幸福。我的幸福来自我的孩子,当我看到他们快乐时,我也快乐。我也试着去理解他们需要什么,并满足他们的需要。(M,首席财务官)

在部分受访女性看来,能否获得来自他人(包括员工和上级等)的认可，是评价事业是否成功的一个重要方面。

> 我认为个人成功是拥有一个幸福的家庭，拥有依赖自己的家人。事业成功可能反映在你的职位上。你得到了更高的职位，你就是成功的。其次是你在工作上得到了很多人的认可。即使你并不处在特别高的职位上，但是你被老板、高级管理层、同行以及其他人很好地接受和尊重，那我认为这也是一种事业成功。（S，人力资源总监）

当被问及对自己事业的满意度时，大部分女性的回答是80%~100%。总的来说，她们对自己取得的成绩感到满意。然而，她们中的许多人希望取得更大的成就，比如晋升到更高一级，学习更多知识，推动公司改革或提高销售额。一名女性说，她想做一些她还没有成功实现的事情。

> 我非常感谢我所做的一切，我也非常幸运。从这个角度来看，我很满意。但我也认为，如果我想做更多的事，就能做到更多的事，做出更多的贡献。（C，总裁）

工作被认为是获得幸福感的关键要素。受访女性并不认为拥有完全围绕孩子的生活就足够了，她们的自我认同与她们事业上的成功紧密相关。

> 我的人生目标就是工作。我的脑子里有一张"路线图"，每天一步步地按计划前进，这让我感到快乐。我没有那么多关于私人生活的目标，也没有很多爱好。（Z，信息技术总监）

综上所述，虽然个人生活在受访女性眼里重要性各不相同，但她们普遍认为追求事业是实现自我价值的一个重要组成部分。

对自己的工作与生活平衡状况进行评估

大部分受访女性都认为，如今她们基本可以很好地平衡工作与生活。这些女性说，她们目前的工作时间较短，每天8~12个小时，然而，在职业生涯的早期阶段，她们每天有规律地工作12~16个小时，在办公室或出差的时间要比现在长得多。

> 在最初的10年里，我在工作上花了大量的时间，几乎可以说90%的时间都用在了工作上，因为我知道我想要什么。特别是当我刚搬到上海的时候，没有朋友，也没有别的事情可做，每天就是工作，甚至周末也在工作。我还挺享受这种状态的。但是在职业生涯后期，我开始想接触更多工作以外的人，学习一些新的技能，比如弹钢琴或饮食的营养搭配等。在公司工作了这么久，我对工作了如指掌，知道自己不会成为总裁，也不会被解雇，所以我更愿意在工作之外做点儿什么。我觉得，在过去的10年里，我的生活更加平衡，我对工作和其他兴趣感到更加满意。（T，总经理）

现在，受访女性中的大多数在晚上七八点回家，但是晚上回家后还要在电脑前工作一两个小时。她们经常出差，少则几天，多则几周。她们在职业生涯的特殊阶段（如工作变动、企业重组等）愿意完全投入工作，但在这些阶段结束后，她们认为自己有责任恢复工作与生活的平衡。

> 当有工作要做的时候，我会疯狂工作，但我也需要娱乐。我总是尽量维持工作与生活的平衡。有段时间我要做三件事——在德国的工作，在这里的工作，还有学习充电，这段时间我真的非常累，每天凌晨两三点睡觉，但我周末仍然会爬起来和朋友聚聚。现在因为公司处于一个相对稳定的阶段，而我也熟悉了岗位工作，所以这种挑战越来

越少了。我不像过去那样要做那么多工作了,只需要按照正常的工作时间上下班。但如果有什么事情发生,需要我像过去一样进行高强度工作,只要足够迫切,我就可以。(M,首席财务官)

当然,工作与生活不能总是平衡,尤其是开始新工作的第一年。第一年我维持得并不好,但是家人理解我。第二年,我将这种平衡维持得好一些了,因为第一年我完成了几件事。首先,我建立了一个好的团队,这样团队就可以承担很多工作。第二,我与老板和同事建立了信任关系。所以很多事情他们不会过问,我只需要为他们准备好方案。第三,我迅速掌握了业务知识,后来不管发生什么事情,我都知道是怎么回事。最后,我审视了巴黎和亚太地区的关系。巴黎那边知道中国方面的做法都是正确的,所以不会质疑我们……一切都走上正轨,我也有闲暇时间走出工作,去尝试更多的事情。(A,副总裁)

相比较而言,有两个孩子的母亲在平衡工作与生活方面压力更大。

我觉得压力很大,这很难平衡。我是一个非常务实的人,会观察自己的每一天。如果我每天都能坚持下去,继续做我的工作,而且陪伴我的孩子,那我认为这已经算是成功了,不可能拥有那种完美的平衡。如果你有一份重要的工作,同时有两个孩子,你又不想把你的孩子托付给别人,那么你的生活就会充满压力。我注意饮食,经常锻炼,因为我必须有足够的能量来完成所有这些事情。(H,副总裁)

综上所述,大多数中国女性高管对目前的工作与生活状态持积极态度。有孩子特别是两个孩子的母亲可能需要在平衡工作和孩子需求的问题上花费更多精力。

女性职业生涯的开始

可以从不同角度来分析女性的初始工作岗位：当时的劳动力市场环境如何？她们的第一份工作是分配的还是自由选择的？什么影响了她们的选择，户口、行业，还是公司类型？在中国政治和经济发展的大背景下，了解这些女性职业生涯的开端是很重要的。国家发展对劳动力市场的影响已在前面探讨过。从受访女性的年龄分布（32~63 岁）来看，从 1973 年到 2006 年，女性开始职业生涯的时间跨度很大，而中国劳动力市场在不同时期给予女性的条件是非常不同的。

年龄较大的参与者较少（6 名），她们在 20 世纪七八十年代开始工作，这一时期中国经济逐步开放。当时，中国没有或很少有跨国公司，工作是由国家分配的。26 名女性 36~45 岁，大多数在 90 年代的上海浦东新区开始了她们的职业生涯。然而，周围的人都没有规划自己职业生涯的经验，所以她们无经验可参考。3 名女性年龄在 35 岁以下，她们在中国加入世贸组织后开始了自己的职业生涯。当时，中国女性已经完全可以自主选择工作，并且能够借鉴他人的经验。总体来说，受访女性中 17 人的第一份工作是由政府指定的，而这种分配是基于户籍制度，12 人自己选择了她们在中国的第一份工作，6 人在国外开始了她们的职业生涯。

女性职业生涯起步时间

时间	人数
1978—1990 年改革开放初期	6
1991—2000 年经济增长阶段	26
2001 年中国加入世贸组织后	3

劳动力市场背景及地点

第一份工作获得方式	国家	具体地点
自由选择第一份工作 18人	海外6人	德国、英国、新加坡
	中国12人	上海、香港
政府分配第一份工作 17人	中国	武汉、成都、广州、南昌、北京、上海

中国有户口这种概念，意味着你是某个城市的居民。当时户口非常重要，只有在国有企业工作才能轻易拿到广州市户口，所以我选择了那家国有企业。（M，人力资源总监）

大多数拥有上海户口的女性都是在上海开始她们的职业生涯的。在20世纪七八十年代，只有被分配到国有企事业单位工作，才能在中国境内改变居住地。一些女性反馈，她们特别尝试了去获得国家指定的某些工作，以便在某一特定城市获得户口。因此，来自农村的女性不得不在职业生涯的最初阶段就制订搬到大城市的计划。

毕业后，我被分配到上海华东理工大学当一名大一英语老师，但我不是英语专业的。我在那里待了4年多，因为根据当时政府的政策，作为一名师范大学的毕业生，我只能在大学里工作。后来我付了一些钱，去了一家跨国公司工作。（J，亚洲人力资源总监）

毕业后，我去了一家国有进出口公司工作。那时正是中国进出口蓬勃发展的时期，是个不错的机会。我在那里待了5年，过得很愉快。（G，总监）

研究参与者的首份工作

首份工作	人数
英语教师	6
翻译	1
总经理助理/总经理秘书	4
研究所研究人员/实验室研究员	2
初级编辑	1
外贸专员	1
行政人员	3
销售助理	2
顾问	2
财务分析师/系统专员	2
管培生	3
工艺设计师	1
产品策划专员	1
广告专员	1
市场推广人员/产品经理	1
薪资福利管理人员	1
人力资源专员	2
法务工作人员	1
	35

在自由选择工作的 18 位女性中，有 12 位在中国开始了她们的职业生涯，工作岗位有个人助理、销售助理、顾问、财务分析师、行政助理等，多是在跨国公司。一名受访者是行政助理，同时也是总经理的翻译，参与了公司的所有关键决策。由于总经理们依赖这些女性的语言技能和中国本

地市场知识，这些女性受到信任，并有较高的权力。在中国经济已经更开放时开始自己职业生涯的女性，能够根据公司的大小、声誉，以及自己在该公司中可以获得的工作经验选择自己想要的工作，这推动了她们后续的职业生涯发展。

  我一直觉得第一份工作没有必要干得太久。这是职业发展的第一步，我想加入一家好公司，一个我可以学习的大公司。我热爱运动，热爱A公司（美国运动品牌公司）的文化……（H，副总裁）

  事实上，本科毕业后，我加入了一家知名公司。这是一次非常幸运的经历，因为我知道对于很多成熟的市场来说，应届毕业生无法直接去咨询公司工作。他们会在一个行业待几年，然后获得工商管理硕士学位，随后才进入咨询行业。但当时B公司刚进入中国市场，所以想要招募一些新鲜血液。我在那里待了5年，在这5年里我完成了工商管理硕士课程。（K，人力资源总监）

  我的第一份工作是在一家猎头公司，总部设在美国，当时在全球排名第5。我很兴奋地看着所有同事的资料，这是一个非常引人注目的组织，我能加入，真是太棒了。我一开始做的就是猎头的工作，这在当时的中国还是个新概念，我需要与客户公司和市场上潜在的人才建立联系，这非常有趣。（K，人力资源总监）

6名女性在海外开始了她们的职业生涯：4名在德国，1名在新加坡，还有1名在法国。值得注意的是，4位在德国开始职业生涯的女性在学生时期就接触到了未来的公司，她们和公司都有一个共同的目标：未来要前往中国发展。这些女性要么通过公司的传统选拔程序，要么通过大学的招聘论坛获得工作，因此在开始第一份工作前没有接触过其他公司，其中两名女性特别选择了海外管理培训生方案。所有在德国开始职业生涯的女性都表示，德国公司之所以专门聘用她们，是因为她们是具备必要资质的中国人。

> 我一开始是工艺设计师，我的工作是从 A 公司的一个大项目开始的。他们想在中国进行一个航空工业的大项目，现在已经完成了。我老板负责所有的信息技术项目，他想要一个有中国背景的人。这是一个好机会，我得到了那份工作。工作任务很多，但很轻松，因为我对结果不用负任何责任。但是有一天他们说："好吧，你现在已经转正了，你将独立负责一个系统。"从那时起，我就一直是项目负责人。后来，他们让我负责更大的项目，我便担起了更大的责任。刚开始时这让我感到不舒服，因为头两年有人清楚地指导我做什么，而现在他们只告诉我"这是你的事"。（Z，信息技术总监）

综上所述，上海女性职业生涯研究室的这些高管几乎一半是由政府为她们选择了第一份工作，剩下的女性有的选择在国内工作，有的选择出国留学，并在国外找到了第一份工作。

公司类型对职业生涯的影响

受访女性讲述了她们最初和目前在外企工作的动机，以及她们选择的公司类型对她们的职业生涯有哪些好处。她们还被要求比较跨国公司与中国民营企业和国有企业，并思考如果她们在民营和国有企业工作，会对自己的职业生涯产生什么影响。

上海女性职业生涯研究室的大多数女性要么在职业生涯初期曾在国有企业短暂工作过，要么从父母的工作中熟悉这类公司，只有少数女性曾长期在国有企业工作过。

一名受访者在职业生涯中期曾在一家民营企业短暂工作了一段时间，

之后又回到跨国公司工作。到目前为止,这些女性还没有一人回到国有企业。一位受访者解释,即使她想跳槽到国有企业,现在也太晚了,因为如果想获得良好发展,她必须从一开始就在这样的公司建立职业生涯和必要的人际网络。

据受访女性介绍,中国经济体制改革后,许多机会出现在跨国公司里。女性可以在不同的工作岗位之间做出选择。

这些女性都表示,她们很想了解外国的文化和工作方式,希望通过在跨国公司工作来提高自己的知识水平和技能。这对她们的职业生涯大有益处。而且,跨国公司更注重目标,环境也更开放,企业文化更能获得她们的认同。

其他让她们选择跨国公司的因素包括更高的工资、设备更好的办公室以及为一家知名企业工作的名声等。

> 当我毕业时,比起在国企工作,我更想去跨国公司工作。我认为在跨国公司大家的机会更平等,公司文化更丰富。我的专业是国际商务英语,我更希望有机会与外国人见面和交流。(总监)

> 跨国公司给我的印象很好,因为他们非常专业,办公室也很漂亮……很多方面都令人印象深刻。老板、部门经理,他们看起来都很成熟,很有能力。我从他们身上学到了很多,包括沟通技巧、语言技巧,还有一些计算机技能。我可以学到很多东西,这就是我选择这个职位的原因。(总监)

> 我的父母都是农民,没有很强的人际关系网络,没法让我轻易地进入一家国有企业。在我找工作的时候,跨国公司正巧进入中国,提供了更多的机会,我最终在跨国公司找到了工作。(总监)

受访女性谈了很多对国企的看法,在她们看来,国有企业代表着稳定、安全和低风险。这些女性称,国企的工作方式与跨国公司完全不同,环境比跨国公司更宽松,但国企更注重人际关系。在这样的公司,你需要有谨慎的沟通方式,沟通是间接的,而不是开放的。国企往往等级分明,上级的命令下级必须无条件服从。总之,良好的人际关系和强大的人际网络是在国企获得成功的必要因素。

> 国企有很多规矩,这显然不是我所期望的。国企中等级森严,同事之间也有很多隐藏的竞争,我对这类事情不感兴趣。(总监)
>
> 我很开放、很直接,国有企业可能不欢迎这种人。在国有企业中,你的言论必须非常谨慎,确保不在讨论中引起冲突。我觉得我在那里没法生存。(总监)
>
> 虽然在国企如果你有能力也有机会得到晋升,但这不是唯一的评判标准。我不喜欢这样,我想做一份只要你能力过硬就可以晋升的工作。(总监)

这些女性谈到了国企的弊端,但也有一位曾在国企人力资源部门工作5年的女性讲述了在国企工作的好处:退休人员能够领取丰厚的养老金;国企有很高的工作保障,不会裁员;同事就像一家人。她说,她在一家国有企业获得了人际交往方面的技能。

> 时代变了。也许我工作过的国有企业不能和现在的国有企业相提并论,因为国企也有了很大的发展。但与我在过去几年加入的国企相比,跨国公司更加开放,更加以员工为重,更加高效。(总监)

在这位参与者看来,国有企业的一个重要优势是,中国人在那里没有任何语言障碍,也没有阻止他们成为最高管理者的"玻璃天花板"。随着时代的进步和发展,研究小组中的一些女性不再像职业生涯初期那样,对国有企业持批评态度。

受访女性还提供了一些对于中国民营企业的看法,她们将这些公司视为自己未来的选择之一。一方面,民营公司可能会提供比较诱人的经济条件,另一方面,很多民营企业还处于初创阶段,需要引进专业的知识和技能,这些女性相信这会给她们带来真正的竞争优势。不过,她们认为,民营企业的成功与企业所有者密切相关。显然,她们需要与企业主有共同的价值观,最好投缘。总的来说,民营企业也非常关注人际关系,而不仅仅是工作表现。

> 我认为私人公司肯定会成为最大的市场,但难以界定是中国民营企业还是跨国企业,因为随着投资和股权结构的全球化,你无法真正具体地定义公司的类型和国籍。(总经理)

> 我认真考虑过,因为我所有的学友都来自民营企业。公司老板如果有很多抱负、想法,很会鼓舞士气,那是很有吸引力的,员工会有一种和老板一起为同一个梦想奋斗的感觉。但在跨国公司,你只是在做一份工作……(总经理)

受访女性认为,要在跨国公司取得成功,最关键的是要了解这个体系,而要在民营公司取得成功,关键是与公司所有者进行默契配合。从这些女性目前所处的职业生涯阶段来看,如果离开跨国企业,中国民营企业是她们唯一可行的选择,因为现在在国有企业寻求职业发展已经太晚了,如果要在国有企业有良好发展,必须从一开始就确立自己的地位。

升迁——职业阶梯分析

以前工作过的公司和职位的数量

当被问及之前在多少家公司工作过时,受访女性的回答从1家到10家不等。16名女性在4~5家公司工作过,8名女性在2~3家公司工作过,6名女性在6~7家公司工作过,4名女性在1家公司工作过,1名女性在10家公司工作过。许多与职业生涯相关的研究将职业生涯分为有边界的和无边界的。只在1家公司工作过可以被视为职业生涯是有边界的,其他的则可以被视为无边界。

女性在访谈中对自己之前的角色和职位的回答都是凭记忆给出的,所以不清楚是否所有女性都能准确地记住她们在职业生涯中担任过的所有职务,答案可能有一定误差。女性最多在14个岗位上工作过,其次是11个。大多数女性(23名)在6~9个不同岗位上工作过。小组中没有一名女性在整个职业生涯中一直待在同一个岗位上,她们的职业生涯是"动态"的。考虑到研究小组的人员构成,这在意料之中。

分析这些女性所从事的行业可以发现,只有6名女性只从事过一个行业。制药行业的女性有两名,汽车行业、材料行业、钢铁行业、奢侈品行业各一名。16名女性一直从事同一部门的工作,其中人力资源7人,销售1人,金融2人,财务/控制5人,法务1人。这些女性一直忠于她们所选择的领域,努力工作,直到晋升到最高职位。相比之下,19名女性一直在不同的角色之间转换,涉及跨部门工作,其中11名女性可以被归类为"横向移动者"。

女性职业生涯中的地域性流动

本书中的流动被定义为职业生涯的地域性流动,无论是在中国境内还是在国与国之间,但不涉及公司之间的流动。共有21名受访女性曾在国外工作过,工作过的国家有美国(4人),德国(8人),新加坡、法国、瑞士和南非(各2人),英国(1人)。

部分女性跟随她们的伴侣出国，也就是说，搬到国外的决定性因素是她们伴侣的职业生涯，而不是她们自己的职业生涯。这一决定改变了她们潜在的职业发展方向。一名女性在美国找不到与之前类似的管理工作，在那里自主创业；一名女性首先在澳大利亚获得了工商管理硕士学位，然后回国创立了一家网络公司。在这些案例中，丈夫的职业生涯使她们的职业生涯暂时改变方向，但并没有使她们的职业生涯结束。回顾过去，这些女性认为，尽管出国主要是由她们的伴侣提出的，但对她们自己的职业发展是有意义的，因为出国为她们提供了全新的体验，如果留在中国，这些体验是不可能有的。

受访女性在中国境内的流动情况可分为两个小组。一组女性从拥有上海户口开始，总体来说一直留在上海工作，中间有在其他城市间歇性工作过，主要是她们所在公司开办新工厂的时候。一组女性最初户口不在上海，辗转多地工作，提到的城市有武汉、南京、北京（多次提到）、深圳、天津、广州等。其中几名女性曾在上海和北京之间搬过家。

为了职业生涯的发展，这些女性接受了工作的重新安置，在某些情况下，这意味着每个周末必须在公司和家之间长途跋涉，有时长达两年。上海女性职业生涯研究室中的女性大部分具有高地域流动性。

更换公司的原因

当被问及为什么离开第一家公司时，最常见的反馈是"我很无聊"和"我需要挑战"，这揭示了这些女性在职业生涯中学习和进步的强烈意愿。这些女性感到现有工作无法满足她们的要求，即她们想在工作中学到更多东西。正是在这种背景下，她们中的许多人决定攻读工商管理硕士学位。一部分女性说她们不喜欢自己当时的工作，这实际上也可以归为她们的需求没有得到满足。

> 这份工作非常棒，对很多人来说，这是一份梦寐以求的工作。但

是这份工作本身并不是很有趣。我先当翻译,然后当编辑,后来去了电视台,还是类似的工作,也没什么意思。3 年后,我觉得很无聊,可以想象自己在 10 年后依然会这样碌碌无为。这一点儿也不好玩。(C,人力资源总监)

我成为一名大学老师,教英语,教了一年。这份工作重复而无聊,在那个年龄,我想探索校外生活。我辞去了这份"人人尊敬"的工作,进入一个陌生行业,从人力资源工作开始做起,做工资报表,做计算,做管理,一切都在快速发展中。(A,副总裁)

一些女性无法自由选择第一份工作,她们离职的主要原因是希望逃离国有企业或研究机构,这与她们希望更慎重地使用个人技能有关。一些女性把怀孕或生孩子作为放弃工作的机会,在职业生涯的两个阶段之间放松休息,但孕育只是一个借口,并非跳槽的根本原因。

一些女性称,重组、与老板的冲突以及不认同企业文化是她们离开公司的原因。在公司重组或组织变革期间,她们会离开公司,到其他公司寻求更高的职位,因为重组等变革会削弱她们的地位。亚洲金融危机期间这种情况尤其多,当时许多公司将业务外包或在中国以外的地区设立亚洲总部,这威胁或限制了一些女性的发展。因此,这些女性对公司的依赖减少,对个人职业目标的追求意愿更加强烈。

这些女性还提到,她们的职业规划具有高度的战略性和长期性,她们将对行业变化和市场趋势的预测纳入她们的个人职业选择之中。

综上所述,上海女性职业生涯研究室的大多数女性都表示,出于对新的挑战的渴望,她们离开了第一份工作。在做出这样的选择时,既有客观目标(如获得更高的职位)的激励,也有主观目标(如找到能促进个人成长的有趣工作)的激励,这些主观和客观因素相互交织。

选择某个职位的原因

笔者进一步询问这些女性为什么选择了某个特定的职位，背后的决定性因素是什么。许多女性高管表示，在中国经济繁荣时期，同时收到4份甚至更多工作邀请的情况并不罕见，综合来看，主要有三个因素影响她们的选择：个人专业技能和市场价值、人际关系、公司声誉。

选择新的公司和职位的原因

关键语	人数
更多的责任，挑战，学习更多，经验，与多个组织/部门合作	10
喜欢这个行业，适合女性	2
喜欢在面试中遇到的人 员工关怀，尊重人	5
喜欢总经理，总经理在行业中享有较高威望	5
公司声誉好，德企，跨国公司，美国公司	5
能提供上海户口，离家人近	2
想回到中国	2
	31

由上表可以看出，有助于提升个人专业技能的职位在受访女性中最具有吸引力，如让她们负责整个亚洲地区或多个业务部门的职位，或者让她们与多家公司合作的职位。这些职位同时有助于提升个人市场价值，让她们"在市场上的影响力更大"。一位年长的受访者表示，她之所以有策略地选择在中国香港工作，是因为那里有当时内地企业中不存在的职位，她想试一试，这样当她回到内地时就有优势了。

你必须在一家公司工作，在一个行业工作，而不是在不同行业间换来换去。我认为A公司的一个优点是有多个业务部门，我可以接触到不同的业务，所以在那里工作没那么无聊，这很好。A公司给了我不同的角色，也给了我挑战，我不后悔加入A公司。（C，总裁）

当时B公司想把我转到建筑业务部，新职位业务范围很广，覆盖了整个中国。但是我没有去，我拒绝了，因为那是个服务型岗位，业务本身并不那么有趣，也不涉及制造。C公司的人特别吸引我，因为面试人员给予我充分的尊重。来自法国的人力资源总监考虑到我很忙，在他时间也很紧张的情况下，在去机场的车上与我进行了一场深入交谈，后来我选择了C公司。（S，人力资源总监）

D公司吸引我的地方在于它的业务覆盖整个亚洲地区。到那儿后我发现，每个人都被称为经理，没有直接向我汇报的人。我说很好，有时候头衔并不重要，你做的事才重要。（J，亚洲采购总监）

我不是在寻找平衡，我在寻找一些延伸和挑战。我想从一个支持的角色、一个温和的角色过渡到一个对商业有很大影响力的角色。这是我在E公司的第一个角色。2012年，我作为人力资源业务合作伙伴加入该公司，主要工作是支持公司进行变革、裁员，这些工作很艰难。2013年4月，我被晋升为中国区人力资源总监。从那时起，我开始拥有一切……（L，人力资源总监）

人际关系也是一个重要的参考指标，包括是否能够与一个友好的团队合作、老板声誉如何、对员工是否尊重等，私人关系也会对决定产生影响。

我仍然想在一家美国公司和零售业工作，而且A公司当时生意非常非常好，股价高，信誉好。实际上我面试了不同公司，但在A公司

遇到的人都特别好，我非常喜欢他们，觉得如果能和他们一起工作就太好了。(C，人力资源总监)

B 总经理当时在业界享有很高的声誉。他上了年纪，非常有经验，擅长辅导雇员，让我崇拜。我之前公司的老板和他一起工作了十几年，我也想有机会和他一起工作，所以我很快就做出了决定。(Z，首席财务官)

选择职位的第三个主要影响因素是公司的类型和它在市场上的声誉。这些女性表达了对特定行业和部门或来自特定国家的公司的偏好，大部分是因为认同某个公司的产品，也有个别人就是决心在美国或德国公司工作。

职业生涯的其他可能性

当被问及在实际做出的职业选择之外还有哪些可能的选择时，这些女性高管给出的最常见的回答是，她们本可以去国外工作。其中 7 名女性多次提到她们想出国工作的愿望。这种渴望与一种信念有关，即海外经历可以让她们获得比现在更高的职位。例如，一位受访者说，在面试的时候，成为公司董事的一个条件是有海外工作经验。此外，了解外国文化和工作方式，也是她们想出国的重要原因。但是，她们最终没有做出这种选择，主要是因为家庭。搬到另一个国家会给她们的孩子、父母和伴侣带来各种各样的问题。据这些女性说，家庭为她们的事业提供了强有力的支持，不能转往国外，而分居两地对女性来说也是巨大的挑战。

另一个被几位女性考虑过的替代选项是，在其他公司担任类似或更高级别的职位，尤其是在那些拥有"优秀产品"的知名公司。一般来说，她们的目标是获得更高的职位或更好的头衔，不过，在做出最终决定时，也会综合考虑其他方面。一些女性提到她们考虑过到其他部门工作，尤其是那些在人力资源领域连续工作多年的人力资源总监们，她们想知道换一个领域是否会为她们提供更多可能性。

另外还有一些选择，只有个别人提出，在此不再赘述。

有趣的是，一位来自医药行业的女性提到了她想自己创办一家医院。

> 老实说，我想自己创办一家医院。也许5年后，在中国，行业已经改变，政府也做出一些改变，如考虑为私人医院开路。虽然现在中国大多数医院都是公立的，但未来会有许多私立医院。我们可以试试，对吧？（X，业务部总监）

除了一名女性考虑到长期职业规划而选择了降薪的职位以外，其他女性都选择了薪水更高的职位。薪水和长期职业规划是她们在备选方案之间做出选择的主要权衡因素。只有当实在难以在二者之间做出取舍时，这些女性才会将其他因素加入其中进行考量。

通过以上调查可知，上海女性职业生涯研究室的大多数女性在职业规划中表现出高度的独立性，她们在多个职位中做出选择主要是基于对未来职业发展前景的预测，很少考虑个人和家庭生活。只有当涉及海外工作时，一些女性才会为家人做出留在中国的决定。

中国女性高管的职业生涯规划

值得注意的是，在上海女性职业生涯研究室中，大多数女性的职业发展路径是自己规划好的。在接受采访时，这些女性使用了诸如"我选择、我计划、我要求、我申请、我发起、我决心"之类的表达，这意味着她们非常积极地进行职业规划并努力争取。职业规划的目标有"想要升得更高""承担更多的责任""争取一个更有影响力的职位"等。

职业生涯规划关键语（多选）

关键语	反馈人数
寻找下一步，大声说出来，让人们参与进来	12
晋升，扩大业务范围，承担更多责任，更多曝光机会，追求事业，寻找挑战	7
总是做计划，按照计划走到现在的位置，知道自己想要什么和不想要什么	7
在中国寻找有合资意向的企业，写一篇关于中外合资企业的论文	6
MBA，哈佛，顶尖大学	5
去生产现场而不是总部，跨职能工作，选择人力资源工作，根据市场趋势做出计划，去澳大利亚学习西方经验	4
去上海，去中国第一个经济特区（深圳），前往自己想要获得当地户口的城市	5
计划经济独立	1
跟着丈夫	1

所有接受采访的女性从一开始就知道，她们想要在职业生涯中获得更高的职位，承担更多的责任，这就是她们的目标，也是她们首要的职业生涯战略规划。这甚至适用于其中较为年长的女性，尽管外部因素决定了她们中的一些人只能在晚些时候实现这些抱负。这些女性分享了她们为实现这些目标而制订的计划，从中我们可以发现一些特别常见的职业发展策略。

大多数女性在规划职业生涯时，都从长远的角度出发，把重点放在最终目标上。只有一位受访者说，她在相当长的一段时间里以一种看似没有计划的方式进行实践，但她也有一个明确的目标，那就是获得一个更高的职位或承担起更大的责任。

一些女性称有计划性已经成了她们性格的基本组成部分之一，她们总是把每件事都计划好，甚至是关于孩子的事情。

第二个战略规划是在其领域中做到最好，这包括为此进行学习和培训，准确地选择职位，发展特定的专业技能等。为了脱颖而出，所有女性都努力提高自己的专业知识水平，包括制订终身学习计划。最年长的受访者在职业生涯晚期才完成了工商管理硕士课程，当时她已经是一名首席执行官了。在这项研究中，出国留学的女性说她们非常精确地计划了自己的这一步，因为她们相信国外的教育资源和外国文化体验会使她们的职业前景更好。一些女性专门选择了哈佛大学、欧洲工商管理学院或斯坦福大学等知名学府，以增加未来获得管理职位的机会。在中国学习的女性则试图进入中国最好的大学。对她们中的一些人来说，选择一所顶尖大学比选择热门专业更重要。

我六七岁的时候就做了很多计划，我把笔记本拿给大家看，大家都很震惊，他们没想到这是一个小女孩写的东西。我有点儿早熟。（M，首席财务官）

我认为做计划就是思考我今天想到达哪里。与同龄人相比，我很有进取心，想当头儿，虽然并没有一个特别的时间节点。我想成为某个领域的头号领导者，这一点很明确，我不想加入大公司，这也体现了一定的计划性。任何大公司来找我，我都说不。（L，人力资源总监）

我认为结果是难以估计的，但计划好自己想做的事情是非常重要的。例如，当我进入A公司时，一开始我对它一无所知。但我很快开始学习，我想知道员工是如何进步的，我需要在公司里如何表现，或者说我想在公司里做什么，之后是做得更好，学得更多，得到提升。我从来没有设定目标要在两三年内晋升，并非所有的升职都是计划好的。但是我会计划好我想做的工作和我想达到的水平。最终我升职

了，这是好事。（M，人力资源总监）

这些女性从职业生涯开始时就不断积累专业知识，并据此选择相应的职位和公司。一位受访者给出了以下具有代表性的回答。

其实说起来有点儿好笑，有时候我会想，如果我把我的所有技能看成一个饼，那我还缺少哪块。我更喜欢在公司内外同时完善自己的履历，这也是我选择这个职位的原因。（A，人力资源总监）

大量女性按照她们的计划在国外获得经验和职位。还有一些人选择在国内换城市，搬到有更多职业发展机会的城市去。一名女性称，她在香港看到一则招聘广告，竭尽全力想得到那份工作。

我在一家很棒的跨国公司工作了几年。我是上海人，我想我需要寻找一些新的生活体验，到国外去看看西方的风格，深入了解当地文化，甚至是饮食，总之就是想有一些不同的经验。那时候我也只是计划一下而已。不过，我刚刚申请了悉尼大学的硕士学位，计划成为现实。（S，人力资源总监）

所有在国外学习或工作的女性都有意回到中国，以便在未来获得进一步的职业发展。一位曾在德国学习的女性表示，当时她专门寻找在中国拥有合资企业的德国公司，并试图在这些公司实习，这样她就可以写关于其中一家公司的论文。因此，她的战略计划是从早期就开始为在中国的职业发展做准备。

我从一个基础培训和一个专家培训开始，与A公司（汽车行业，德企）建立了联系。我在大学的机械工程系看到了他们的招聘广告，深入研究后发现，他们刚刚在中国成立了第一家合资企业，因此，我以 A 公司为目标，以《中国合资企业的建设》为题撰写论文……（J，总经理）

受访女性提到的另一个战略是观察经济和市场趋势，并据此规划她们的职业生涯。有的女性长期关注中国不同地区的外国投资增长情况，有的观察不同行业，从中选择发展快、前景好的。有针对性地选择公司和领域是规划的另一个重点。受访女性所举的例子包括根据公司规模或总部所在地选择公司，或有意选择在提供服务的领域工作。对所有女性来说，选择在跨国公司工作是深思熟虑之后的决定。

我最大的优势是商务英语，基于这个考量，我找到了新工作。在我辞去学校工作时，学校领导不同意。当时国家刚刚允许辞去体制内的工作，我想我是我们那儿的第一人，许多人难以理解。我的父母也很为我担心，他们认为我将自己置于险境。我挣扎了大约一个月，咨询了许多人，包括新公司的年轻人，但没人能保证什么。最终我还是决定冒险一试，从此开始了自己的第二次职业生涯，那是在 1990 年。（A，副总裁）

反馈显示，在规划自己的职业生涯时，家庭往往不在这些女性的考虑范围之内。也就是说，工作计划高于家庭计划。

当时有一个新的职位是在北京，而我的家人在上海，去北京完全违背了我的家庭计划。我与家人讨论了很多，这是一个艰难的决定，但最终我还是决定接受北京的职位……（E，副总裁）

这些女性在规划其职业生涯时表现出了强烈的自主性,尽管她们将自己的成功归因于机遇或者某种必然,但占主导地位的仍然是她们的个人意志、主动性和计划性,即发现机会,然后抓住它们。受访女性的回答暗示了一个内在的职业发展轨迹,这个轨迹来自女性对自己职业生涯负责并主宰的信念。虽然回答中也提到了外部职业发展轨迹,即来自外界的影响或机会等,但外部职业发展轨迹最终服从于这些女性的个人意愿。

我并没有真正的计划,在早期,你有一定的愿望和职业规划,但在正确的时间出现在正确的地方肯定需要一些运气,我去香港的第一份工作就有一定的运气成分,很多人也说这是运气,但如果你回头看,你会发现,这是建立在你自身价值的基础上的。(E,副总裁)

如果有新的机会来了,我当然会抓住它。在某种程度上这是机会,也是我的选择。之前我就有计划,要承担更多的责任,扩大工作范围,甚至跨地域工作,所以当机会来临的时候,我抓住了。那时候我的工作内容已经超出了市场营销的范畴,涉及分销、整体品牌管理等多方面,我在国际组织方面也有更多的经验,所以很清楚自己想有一个更大的发展空间。至于换工作地点,在看到人们在劳动力市场上的流动之后,我就意识到这对我来说也是一种可能。(Q,副总裁)

最后一个职业规划战略是增加曝光率和寻找盟友。根据这些女性的说法,高曝光率会增加她们晋升的机会。因此,女性主动计划如何最大限度地提高自己在公司里的知名度。她们还让关键的决策者参与她们的职业规划,努力赢得和确保他们的支持。

我认为很多事情都是计划好的,当我刚进公司的时候,我有一个跨职能工作的愿望,然后我总是这样告诉我的老板、人力资源部,还有其他同事，这给我带来了曝光量。所以在美国公司里，你要经常谈论你的职业规划，让人们参与进来，这样他们才能为你提供一些东西，也许不是你想要的，但至少有一扇门，甚至更多的门被打开了。因此，我在 A 公司以及美国获得了很多机会，接触到了一些资深人士，幸运的是，他们也想开阔我的视野，让我获得更多的曝光机会。（T，总经理）

综上所述，上海女性职业生涯研究室的女性讲述了她们规划职业生涯的方方面面，这些可以概括为女性为实现其职业目标而实施的各种战略。大多数女性似乎有跨部门工作的职业轨迹，这意味着她们按照自己的意愿去塑造自己的职业生涯。

计划外的职业生涯发展步骤

很少有人反馈计划外的职业生涯发展步骤，为了研究的完整性，在这里给出与此相关的回答，但这些计划外的步骤基本是孤立的，它们只存在于这些女性职业发展的某一个阶段，最终可以被视为有计划的职业发展路径的补充部分。

根据这些女性的回答，没有计划主要来自以下几种情况：在职业生涯早期，一切都是新的，没有明确的目标；在国企等较严肃的工作环境中，几乎或完全没有自主权；工作机会来自猎头等外部环境，是偶然出现的，非主动选择；公司或老板安排的职位变动，接受即可（新的包括更高级的职位，或多或少是在女性不需要申请的情况下提供的）；个人生活发生变化，如怀孕、丈夫工作变动等；发生了金融危机和企业重组等来自大环境的不可控事件；错误的职业路径选择，如跳槽后无法适应新公司文化，再次跳槽等。

有个猎头来找我，说 A 公司在招人，问我想不想试一试。那时我已经在 B 公司工作了 10 年左右，我发现如果我想继续我的咨询职业生涯的话，就需要成为咨询公司的合伙人，这对我来说是个挑战，因为这个角色需要向客户推销项目，建立自己的人际网络，擅长处理客户关系，是一个需要销售技能的角色。我正在犹豫要不要继续我的咨询职业生涯，于是去了 A 公司面试，结果就成了。这可能有点儿巧合。（C，总裁）

当时我有在考虑换一家公司，偶然发现这家德国公司。我们公司的机器太旧了，需要新机器，于是去了他们那，因为他们制造这类机器。我是和 10 个同事一起去的，中国人、德国人都有。最后，我加入了这家公司。（M，总裁）

我进入 C 公司的原因，是他们从我的团队聘请了人，跟我做这个人的背景调查。我们聊得很愉快。谈话结束时，对方问我愿不愿意加入他们。那一刻，我觉得自己还很年轻，才 28 岁，应该尝试不同的公司，体验不同的经历，而且去到他们公司，我可以从经理升为总监。我没有想太多，就觉得这对于我的职业生涯应该是有促进作用的。（H，副总裁）

一些女性反馈，她们因为自己的个人生活而采取了没有计划的步骤：一名女性怀上了第二个孩子，计划被打乱；一名女性跟随丈夫来到香港，并调整了自己的职业规划；另一名女性因父母年迈从国外回国，并接受了这一决定带来的负面影响。

我选择的大部分工作都是我自己决定的，除了搬到香港。我丈夫决定搬到那里去，我别无选择，只能去香港。这是一个非常困难的决定，因为以我的专业，我很难在香港找到另一份工作。但我不得不妥协,即使这份工作可能不是我真正喜欢的,但我还是去做了,我必须看到工作积极的一面,从中学到一些东西。现在回想起来,我仍然很感激那段经历。(A,法务总监)

从这些女性的反馈可以看出,除了职业生涯初期的迷茫,她们的职业生涯基本还是由个人主导的,是计划中的,少数情况下会出现一些计划外的变化,但她们大多可以积极应对,根据实际情况做出调整,并最终实现她们的职业目标。

职业生涯的不利因素和挑战

当被问及职业生涯中有哪些不利因素时,受访女性的反馈较少,主要可以分为几大类。

首先是家庭因素。一些女性讲述了工作对家庭生活的影响,如为了工作决定不要第二个孩子,常年单身感到孤独等。只有一位女性提到了母亲角色和职业女性角色之间的冲突。她比较了女性和男性,并指出了女性与男性相比处于劣势的一些方面("他们可以把全部精力投入事业中")。不过,这位女士嫁给了一位全职工作的外国丈夫,有两个年幼的孩子,因此,她的家庭状况在这组女性中是不典型的。

我认为不利的方面是,你不可能在工作中和家庭中都做到完美。我告诉自己要更关注家庭,但还是有所欠缺,比如我没有办法像孩子同学的妈妈那样经常参加学校活动,我做不到。在工作中,我也无法像那些没有家庭所累的同事一样花更多的时间出差或维护人际关系。他们应该会得到比我更多的升职机会,我没有意见。我认为我在这两方面都有欠缺,但对我来说这是最好的结果。(H,副总裁)

第二大类与健康有关，包括身体健康和心理健康。一些女性称她们压力很大，担心自己的健康。根据这些女性的说法，持续多年的高强度工作会对一个人的健康产生影响。她们特别强调经常出差给她们带来的压力。一位女性评论说，30岁以上的男性可以在未来许多年里积极地追求自己的事业，而这对女性来说往往是不可能的。4位女性讲述了她们的恐惧，如她们害怕失败，害怕工作不能达到要求，其中，一位女性特别担心自己永远也成不了首席执行官。

> 有时候我会担心自己承担了太多的责任和压力，可能会影响我的健康……我不想让人们失望，但我也不想做出超出我能力范围的承诺，我希望一切是可控的。人们有时候会有中年危机，不知道下一个目标是什么，这是一种全球性现象。亚太地区的管理岗位给我带来了很多快乐吗？可能有一点儿，但解决不了实际问题，这不是我真正想要的。（A，副总裁）

> 我知道这个角色会带来压力，但必须找到办法来应对压力。当然，有时候我也会觉得孤独，因为我是这里级别最高的人。我的老板远在千里之外，我不可能经常向他抱怨，尽管我偶尔会这样做。还是要自己处理好压力问题，至少要给人一种专业的印象，不能让人感觉你容易恐慌、虚弱，或者不知道该做什么。如果连你都不知道该做什么，那底下的人怎么办？如果压力可以被称作不利因素的话，我想我们必须找到一种办法来克服它。（C，总裁）

第三类不利因素与公司有关。一些女性批评公司做出的不公平决定，这些决定影响了她们的职业生涯。一位女性说，她曾在公司总部待过一段时间，她原以为这会对她的职业生涯产生积极影响，实际上却让她处于不利地位。在总部，她的能力得不到充分发挥，而由于公司没有合适的高级职位空缺，她回国后被降级。另外，有的女性被公司安排从事自己不喜欢的工作，还有的女性因为个人风格与公司文化不符，职业生涯受到影响。

当被问及在职业生涯中所面临的挑战时，许多受访女性不假思索地说，一位高管想要真正地成长并取得成功，一些犯错的经历是很有必要的。这些女性反馈了她们在职业生涯中所面临的各种挑战，这些挑战涉及方方面面，有经济上的，个人生活上的，竞争上的，社会上的，出现最多的是文化挑战和领导力挑战。

文化挑战一方面指移居国外，即进入另一种文化时所面临的挑战。有的女性说，在国外时没有朋友，孤立无援，感到孤独；有的女性说，在伦敦等大城市，一个外国人靠职业初级阶段的工资难以在当地站稳脚跟；有的女性讲述了初到国外时发生的意外事件，她的室友偷了东西，警察介入，她不得不协助有关部门处理冲突；还有的女性说，不同国家的人工作方式不同，也是一个巨大的挑战。

> 我们收购了A公司，但是公司里没有多少B公司（受访者自己公司）的人。那里有5000名A公司的同事，来自B公司的只有不到100人，而我认识的只有十几个……（J，首席执行官）

> 在法国工作时，人们的工作方式不同，对协作的理解也是不同的。比如，我们每周都有培训课程，大家只关心自己的课程，不会去主动帮助别人，也不想让别人插手自己的。所以我上任的时候，会让大家一起工作，分享自己的课程。（C，人力资源总监）

当这些女性讲述她们面临的文化挑战时，有人可能会困惑，这似乎与之前提到的她们具有很强的跨文化能力相矛盾。在这一点上，应该指出，提出文化挑战的主要是少数长期在国外居住的女性，而且，跨文化能力主要侧重于在中外文化之间灵活切换，而对于移居国外的女性来说，重要的是完全融入当地文化。在回答有关文化挑战的问题时,还有两名女性提到,从国外回到国内时,她们的海外经历并没有带来升职,职位反而比出国前要低,但她们还是选择回国。

当时,我非常不开心,我对我的老板喊:"怎么回事!"我回到中国的原因之一是家庭。我父母已经75岁了,我想搬回北京,离他们近一些,多照顾他们。这也是中国人和西方人的差异,我们更注重家庭。因为另一位女性不想搬到上海,所以他们想让我去。我当然不愿意。我可以回北京,但北京没有我想要的职位。当时我真的很不高兴,最终决定搬到上海,因为那里有我真正想要的职位。(J,首席行政官)

我的老板告诉我有一个招聘总监的职位空缺,问我想回中国吗?每次他来巴黎开会,我总是让他别忘了我,如果中国公司有岗位空缺的话,别犹豫,请告诉我,我还是想和他一起工作。我丈夫既不会说英语,也不会说法语。他喜欢住在巴黎,但是语言交流有障碍,他永远不能真正享受在巴黎的时光。所以,在巴黎待了两年后,我决定回到新的岗位上……(C,人力资源总监)

文化挑战不仅仅来自外国文化,也来自企业文化,主要表现在个人与公司或上司价值观不相符,或在适应角色转换时遇到困难等方面。

A公司实际上环境非常恶劣,很艰难,处于变革的时期。由于人手不足,我不得不接受一些合规性工作,还不得不做出艰难的决定,解雇了一些员工,受到了来自基层的强烈反对,但最后我们还是做到了。(A,法务总监)

我是作为客户管理部门的负责人加入的,但我很快意识到客户管理工作并不适合我。挑战在于，团队的人真的很喜欢这个工作，而我的心不在消费者身上，所以我很快就去了另外一个部门——战略管理部门，我觉得这个岗位更适合自己。（H，副总裁）

几位女性提到了领导力方面的挑战。一位从事销售工作的高管发现，当她不得不管理年纪较大的男性时，自我肯定是个挑战。有些女性表示，她们有时很难赢得团队的信任，也很难学会合理放权。有的女性认为，解雇团队成员意味着自己作为领导失职。还有的女性举出了管理海外多文化团队的例子，这被视为一个特别的挑战。

2000年时我的直接下属是另外11家分公司的销售经理，他们的平均年龄比我大10岁。这个部门只有两位女性，我是其中之一。我很年轻，而且性格温和，所以有些人对我持怀疑态度。管理这样的团队是一个挑战。（X，业务部总监）

35名女性中，只有5人认为在工作的同时兼顾母亲的职责是一个挑战。她们中的一些人远离家人，不得不长途跋涉去看望孩子，个别女性需要照看两个孩子。一名女性说，她在怀第二个孩子时被迫放弃工作，因为她的雇主担心违反独生子女政策带来的不利影响。

说实话，这是一个困难的决定。我在那家公司工作得很开心，也很喜欢天津的生活。当时，我们问自己，想不想要这个孩子。一开始，长辈们都不支持这个决定，他们觉得我没必要生第二个孩子，我的工作很好，为什么要放弃？我和我的丈夫聊了很久，有时候想坚持，有时候又想要放弃，但最终达成了一个共识，我们想要孩子，因为这就是生活。我们没有生二胎的计划，但既然我们得到了这个孩子，就应该生下来。我把这个想法告诉老板和家人，他们表示支持，我于是辞职。

后来，我以前的老板说他为我找到了一个在上海的职位，我也准备回到老公司继续工作，我们约了第二天碰头。结果，见面时他很伤心，说对不起，有个坏消息要告诉我，他不能带我回去了。他跟人力资源部和法务部谈过，他们不支持。即使在孩子出生后，他们仍然觉得公司有风险。我很震惊，感觉很不舒服。（人力资源总监）

亚洲金融危机期间的重组被认为是另一个挑战。特别值得一提的是，受访女性中有4位人力资源总监不得不在当时实施大规模裁员。一方面，她们自己的价值观与支持雇员和促进其发展的根本愿望之间存在冲突，另一方面，裁减工作人员对一些女性来说是有困难的，虽然她们可以完成任务，但形势给了她们很大的压力。类似的挑战还有快速变化的市场环境，尤其是零售业和咨询业，还有不得不做自己不喜欢的工作，等等。不过，这些女性认为，在某个不愉快的阶段坚持工作对职业发展是有必要的，如果在同一家公司待了很久，这样的阶段不可避免。

有一位女性很早就辞去了国家分配的工作，主动选择了一个新的、更加自由的职业，而这种职业还处于起步阶段，她觉得周围的许多人都在评判她。回想起来，她认为离开安全、明确的职业道路，选择新的、不确定的道路也是一种挑战。

综上所述，这些女性在工作中面临的挑战大多与文化因素或领导力有关，也有一些挑战来自突发事件。在这种背景下，女性勇于接受和应对挑战的能力是至关重要的，而受访女性基本可以灵活应对这些挑战。

未来的职业目标：更高的职位和海外工作

有32名受访女性谈了对自己未来职业发展的构想，其中17名女性给出了明确的职业发展目标，具体说明了希望担任的职位，如总经理/首席执行官、副总裁、区域总监或董事会成员，她们都把事业上的进一步发展等同于等级晋升。10名女性的回答是自我发展和学习，以及塑造她们希望展现的形象，比如"成为受人尊敬的顾问""拥有良好的声誉"，其中3位女性特别提到，她们相信在国外工作可以帮助她们获得渴望的发展机会。两名女性设想了离开企业的未来。一个人想象自己会成为一名自由职业者，另一个人则想经营自己的医院。前者透露，她想成为一名独立的高管教练和培训师，以便更好地平衡工作与生活，并怀有强烈的使命感。希望创办自己医院的女性说，她认为这是一种社会慈善行为。值得注意的是，这两名女性都已丧偶，她们的第一位伴侣死于疾病。剩下3位女性"没有明确的梦想"，似乎都对自己未来的职业生涯感到不确定或沮丧。一位女性表示，她在公司显然遇到了"玻璃天花板"：下一个目标是总经理职位，而此前这一职位一直为外国人保留，因此（她认为）这个目标很难实现。

总结起来，上海女性职业生涯研究室在未来的职业构想方面有两种主要的倾向：等级晋升和专业发展。只有5名女性表示希望离开公司，或没有任何具体目标。

未来展望：对未来几年中国经济发展的看法，以及这对职业女性的影响

当被问及对中国及中国职业女性未来发展的看法时，大多数女性都很乐观，具体反馈见下表。

中国及中国女性的未来

态度	人数	关键语
对中国表示乐观	11	经济增长，新产业，更多机会
对女性表示乐观	15	独立，受到更好的教育，更多的女性领导者，由女性主导的行业，在全球范围内更加开放，更多的创新，更多的经济动力，更多的女性首席执行官， 由于女性的人才库很小，她们有很多机会
对男性和女性同时表示乐观	1	
中国的情况将会更艰难	6	注重质量的阶段开始，增速放缓，市场成熟，更少的就业机会
男性和女性的情况将会更艰难	2	
女性的情况将会更艰难	3	女性难以担任首席执行官的问题仍然存在， 信息技术行业的女性比以前更难了， 更多的女性可能待在家里一年照顾孩子

　　之前已经提到部分女性将民营公司作为自己未来的选择之一。很明显，中国民营企业的前景被看好。除了经济利益以外，许多女性从民营企业那里看到了大量的机会，她们认为这些公司需要更多的全球化管理的专业知识，需要聘用合格且经验丰富的高管。但也有女性认为，这一选择存在风险，企业文化适应问题可能成为挑战之一。

　　最后，笔者要求这些女性完成"未来，中国女性高管……"这句话。大多数回答都强调了女性高管与男性高管享有平等地位，以及与其他国家的女性相比，中国女性在高级管理岗位上有更多的机会，还有的要求女性首先进一步发展自己。只有4个答案与事业和家庭的平衡有关。这再次印证了本研究中中国女性高管的情况，即与西方主流观点不同，大多数中国女性高管并不认为家庭会阻碍其事业发展。

高管五大模式
——中国女性高管的职业生涯分类

中国女性高管的职业生涯分类是本书的独到之处。职业生涯分类可以为女性提供职业规划和职业决策方面的支持，因为女性可以据此了解成为高管所需要的特质。每一种职业生涯类型都结合了前面提到的那些要素。

分类标准主要包括以下几个方面。首先是几个与职业生涯相关的因素，如跨文化能力、家庭、辅导、人格等，这些因素对不同的职业生涯类型产生不同程度的影响。程度的表达如下："（非常）高"是指某一因素被某一类型的女性反复提及，与她们的职业生涯高度相关；"中"是指被某一类型的女性提到过几次；"低"则指某一因素根本未被提及，或只被不到10%的女性提及。在此基础上，是否局限于单个公司是另一个分类标准。只在一家公司工作过属于无界型，在多家公司工作过则属于有界型。

此外，职业发展路径是循序渐进式的还是跳跃式的也是分类标准之一。循序渐进式的职业发展路径的特征是连续的，呈直线、曲线或阶梯状上升，按照规划执行。相比之下，跳跃式的职业发展路径是被动的，以意想不到的曲折和偶然事件为标志。

除了这些标准之外，分类还纳入了地域流动范围。在国际间流动、在中国国内流动和局限于上海的职业道路之间存在区别。

最后，分类着眼于评估女性的职业生涯是由内因还是外因主导的。内因主导的职业生涯模式表现为：一个人要对自己的事业负责，并规划自己未来的事业发展。外因主导的职业生涯模式则取决于机会等因素，或者完全依赖于他人的支持。

表格展示了五种职业生涯模式。下面将详细探讨各类型的主要特征。

跨国公司中国女性高管职业生涯模式分类概述

(★共有34名女性，1名例外)

	全球有界型	全球无界型	停止和继续型	灵活跳槽型	依赖他人并获得升迁型
有界/无界	有界型	无界型	无界型	无界型	无界型
流动范围	全球	全球	中国/全球	中国	中国
模式	循序渐进式	循序渐进式	跳跃式	循序渐进式	跳跃式/循序渐进式
跨文化能力	影响程度：非常高	影响程度：非常高	影响程度：高	影响程度：高	影响程度：高
辅导	影响程度：高	影响程度：中	影响程度：低	影响程度：中（根据情况有所变化）	影响程度：非常高
家庭	影响程度：低	影响程度：低	影响程度：非常高	影响程度：低	影响程度：中
人格	对组织忠诚	成就导向型 有魄力	平衡型	追求挑战与变化 有魄力 好奇心强	对导师信任和忠诚 发展他人
主导因素	内因	内因	内因	内因	外因
本研究中出现次数	3	10	8	10	3

全球有界型

有3名女性属于这一职业生涯模式，职业生涯的第一年，她们都在一家位于德国的德企开始学习如何工作，因此，她们职业生涯的第一阶段是在德国，现在，她们都已经按照计划回到中国，追求自己的事业。这3个人都只在一家公司工作过，因此，她们的职业生涯都是有界的，职业发展路径是呈直线或阶梯状上升的。从德国搬到中国后，她们分别在一年半、三年和四年的时间里，从职业生涯起点的岗位，迅速地换到了新的工作岗位上。

这3名女性均已达到总经理或副总经理级别，并负责公司在中国的业务。她们在公司里担任过各种各样的职务，因此获得了丰富的经验。

这3名女性都在德国生活了很长一段时间，因此对德国的文化和语言非常熟悉，都在大学期间通过实习或论文项目与未来就职的公司建立了联系。这些女性讲述了她们的公司是如何为她们在中国的职业生涯做"精心准备"的，她们是中国人这一事实对她们获得这份工作产生了最重要的影响。同时，她们专门选择这些公司，也是为了能够在中国发展自己的事业。除了德国，她们在职业生涯初期还去过其他国家和地区，其中一位曾在中国香港生活过，另一位则参与过位于瑞典和南非的短期项目。其中两名女性曾在上海以外的中国城市工作过，因此她们的职业生涯也表现出了在中国国内的流动性。通过采访，我们可以总结出：影响这3位女性职业生涯的主要因素是她们的跨文化能力。她们有着扎实的专业知识，又对德国和中国的文化和工作方式有着深入了解，并有很强的语言能力。这种跨文化能力是必要的，她们运用这种能力，让德国老板逐渐信任她们，不论是在工作上还是忠诚度上。这3位女性都在她们公司的德国总部拥有强大的人脉，并且能够在中国和德国的管理文化之间轻松地进行切换。在德国待得越久，她们就越能感受到德国和中国在工作方式和对领导力的看法上存在的差异，而这3位女性似乎更倾向于德国的工作方式，主因可能是她们在大学期间就在努力适应这种工作方式。在她们的职业生涯中，这些女性表现出了对公司要求的高度适应性，这一点从她们能在中国不同地方承担不同职责上得到了充分体现。而且，她们始终有计划地提升自己的知识水平，积累丰富的经验，这是循序渐进式的职业发展道路的主要特征。

我们来举一个全球有界型职业生涯模式的例子。

E（总经理）在一家德国大型跨国公司工作，最初是培训生（得益于一个为还没拿到学位的年轻人提供工作机会的公司内部项目）。在她职业生涯的第一个阶段，她获得了在香港担任经理助理的机会。后来，在公司的支持下，她回到德国修完了学士学位。她解释说，作为一名中国人，在一家德国公司任职是具有竞争优势的。为了让其在中国的事业取得成功，公司有针对性地对她进行了培养。那家公司的两名老板作为非正式的导师给予她很多帮助。大学毕业后，她回到了这家公司，并担任财务总监一职。在下一个阶段中，她在中国获得了财务总监的职位，随后快速晋升，成为公司的首席财务官，并在近期成为公司的总经理。E嫁给了一个中国人，现在育有两个孩子。她与她的家人住在上海，公司在北京，她长期往返于两地之间。在接受采访的过程中，她从未提及自己有换公司的意愿。

这些女性的职业发展道路是与她们的公司紧密联系在一起的，属于典型的、传统的循序渐进式的职业生涯模式，这种模式在过去很常见，在当前很多情况下也存在，尤其是在一些德国大公司中。这3名女性中没有一人认为其职业发展路径是符合中国劳动力市场状况的。这意味着，这些女性没有受到亚洲金融危机引发的重组所造成的影响。然而，其中一名女性在某一时刻偏离了传统的职业发展道路，她在担任公司高级负责人后，花了一年的时间来重组公司的整个亚洲部门，并在此之后离职休整了一年。

不过，她随后很快回到公司，继续她的职业发展。她说，她离职的原因是在部门重组过程中遇到了巨大的挑战，并且对自己担任的职位产生了暂时性不满。她在休整期间有了一个孩子，是离职后发生的事情，并不是她离职的原因。在此之后，她决定回到原公司，担任一个新的经理角色。随后她成为副总裁，并最终成为中国区总经理。在这种情况下，公司内部的结构变化造成了短期的职业生涯中断。在德国公司，员工在离职后仍可回到公司无缝开始自己职业生涯的情况并不多见。

家庭并不是这一群体职业生涯的主要影响因素。其中两位女性育有孩子（一位女性育有一个孩子，另一位育有两个孩子），并嫁给了事业心不是特别强的中国丈夫。第三位女性32岁，仍然单身，她在很年轻的时候就多次获得晋升。在接受采访期间，她正打算组建一个家庭。

这3名女性的职业生涯都更多地受到内因的影响，她们有策略地规划自己的职业生涯，在德国学习和在中国为一家德国公司工作都是早已计划好的步骤。她们的职业生涯都按照计划在升职中逐步取得成功。对于该组别中最年轻的一位参与者来说，成功来得太快，下一步她计划在德国总部寻找新的挑战（用她自己的话来说，是"更多的竞争"）。关于性别歧视的话题，3位女性反馈，在德国，男性对于女性担任高级管理职务显得尤为挑剔，但是，这一歧视在她们是具有德国专业知识的中国女性这一优势下可以忽略不计。

特例

在整个受访群体中，只有一位女性的职业生涯既是有界的，又是只在中国国内流动的。由于她是一个特例，所以无法被归类。这名女性在中国一家美国大型跨国公司工作，在那里完成了轮岗培训项目后，一直从事人力资源工作，并且在此期间没有任职海外的经历。她现在是该公司中国研究中心的人力资源总监。然而，她也确实花了四年的时间来负责一个全球性项目，并花了其中60%的时间去各地出差，比如欧洲和印度。

她很灵活，并追求一定程度的成就，然而这些不足以让她在事业上取得更多进步。她对自己的前途有一种较为负面的看法，并把注意力集中在她事业发展的障碍上。她的职业生涯是受外因影响的，她将其职业生涯中的挑战和阻碍归咎于外部环境或其他人。

她对自己未能在海外获得职位感到遗憾，并解释说，缺乏国外资源导致她在事业上难以取得更大的进步，而她也不知道如何才能获取这样的国外资源。她认为，与其他国家的人相比，中国人在跨国公司中处于劣势，只有在国有企业工作，中国人才不会这样弱势，但是她也没有足够的关系，无法获得进入国企的机会，并且现在已经太晚了。

综合以上情况，这名女性无法被分到任何一个组别中，只能被归类为例外情况，之所以在这一部分提及，是因为像全球有界型组别一样，她只在一家公司工作过。然而，在所有其他标准上，她与这个组别中的其他女性都不同。

全球无界型

被分到这个类别的 10 名女性都有过一次或多次出国工作的经历，除了两个人以外，其他人都在国外学习过。该组别中的女性从一开始就下定决心要在中国发展事业。其中，在 6 家公司工作过的有 1 人，在 3、4、5 家公司工作过的各有 3 人。因此，她们的职业生涯可以说是无界的，并且呈直线上升模式。该组别中的女性所拥有的海外经历与全球有界型组别的女性不同，她们中的许多人都是在中国开始了自己的职业生涯，只是在职业生涯后期的某个阶段才开始在国外工作。其中一些女性在开始任职于德国或法国公司前，曾在美国或英国获得过工作经验，这意味着她们有着丰富的海外工作经验，工作经历并不局限于某个特定国家的公司。一名女性表示，她在国外工作期间经历过公司并购，她灵活地适应了变化，并三次为了公司而改变自己的工作地点，两次在德国境内，一次在瑞士。这些女性再次提到，她们是中国人这一事实在她们的应聘过程中起到了重要作用，而她们也为了自己最终能在中国发展事业的目标，特意选择了一些公司和职位。该组别中的女性职位最高的是两位总裁，另外还有首席财务官、副总裁、高级总监等。其中有些人在不同的部门中获得了丰富的工作经验，一些人则专注于财务、销售等领域的工作。值得注意的是，10位女性中有5位的职业生涯起点是在咨询、猎头或代理行业，职业生涯的起步阶段持续了3~12年。这给了她们各种各样的优势，比如能够从不同的角度来判断复杂的问题，以更广阔的视角看待不同的市场和公司，并建立起庞大的人际网络。就像全球有界型组别的女性一样，她们的跨文化能力是她们职业生涯成功的决定性因素之一，但与全球有界型组别相比，她们表现出了更高的全球流动性。

我们举一个全球无界型职业生涯模式的例子。

> M是一家德国公司的首席财务官，受过高等教育，在美国学习过，有三个顶级学位，其中两个是国际学位。她认为自己很有魄力，能够在职业生涯早期就取得成功，有很强的进取心。在四川工作过后，她先后在新加坡、德国、中国香港和上海等地工作。她曾在5家不同的公司工作过，有营销和财务方面的工作经验。育有一个孩子，但不需要承担家庭义务。她的母亲、一位保姆和一位家政人员帮助她打理家事。她的丈夫也积极地照料和教育孩子，并鼓励她继续发展自己的事业。她认为在性别平等问题上，中国比德国做得更好。

这些女性在其职业生涯中灵活地选择就职的公司，尤其是在职业生涯的开始阶段，这是她们这种职业生涯模式最显著的特点。这种灵活性延伸到公司所在国家的选择、行业间的流动和工作地点的变化上。该组别中年龄最大的一位讲述了她是如何有策略地前往云南工作的，她相信以她的资历，很容易就能在那里找到自己心仪的职位，而且不会遇到太多竞争。该组别女性的跨公司流动频率在她们的职业生涯后期往往会随着她们职位的升高而降低。这些女性的职业生涯由内因主导，具有高度战略性和目的性。她们将挑战视为晋升机会，灵活应对各种变化和挑战，并把事业的成功与职位晋升联系在一起。这一组别女性的典型特征是，追求成就感，并充满自信。一些女性提到了导师在她们选择工作时的积极作用，但作用不是特别大。家庭也不是这个组别职业生涯的主要影响因素。有5名女性已婚未育（所有研究对象中共有9名女性已婚未育），3名仍是单身（所有研究对象中共有4名女性单身），一名女性在她30岁的时候才成为母亲。按照中国的标准来看，这在当时已是晚育。该组别中的部分女性表示，她们优先考虑自己的事业，而非家庭。例如，其中一位女性曾离开孩子，在其他大洲生活了好几年；一名女性离开了在英国的生活伴侣，开始了在中国的工作；一名女性嫁给了一个自由职业者，她说她的爱人比较顾家，这让她在规划职业生涯时更加轻松。

停止和继续型

在所有研究对象中，有8名女性的职业发展道路可以被认为是无界的，且在某段时间有所停滞，笔者将她们归类为停止和继续型。一些女性换过两家公司，大多数换过4家，其中1位在10家不同的公司工作过。与之前的情况类似，这些女性担任了不同的高管职务。在接受采访时，她们有的是总经理，有的是副总裁，有的是高级总监。4名女性从事人力资源工作，其他人则分散在市场营销、财务和法律等领域中。4名女性在职业生涯开始5年左右获得了高管职位，两名女性则花了10年时间。该组别中许多女性中断过自己的职业生涯，或是做兼职，或是休假，或是经营自己的企业。有的女性在自己的职业生涯中被暂时降职。然而，该组别中所有人的职业发展轨迹总体仍然是上升的。这些女性职业生涯的决定性因素是家庭和关系，职业发展道路是充满突发状况的。除了一位女性之外，其他人都育有孩子，其中，3名女性育有两个孩子，且她们的丈夫（一人丈夫为国外人）也都事业心很强。在该组别中，共有6名女性嫁给了同样追求事业成功的男性。而在所有研究对象中，大多数女性通常只有一个孩子，且丈夫事业心不是很强。育有两个孩子的女性一直在努力平衡职业女性和母亲的角色。她们能够从丈夫那里得到情感上的支持，却很少获得工作和生活上的实际帮助。该组别中所有女性都雇有家政人员，但不愿意事事都委托家政人员来做，比如辅导孩子做家庭作业。她们把帮助孩子完成家庭作业当作自己的核心职责之一。

我们举一个停止和继续型职业生涯模式的例子。

A是一家美国公司的法务总监，她嫁给了一位总经理，育有两个孩子。她在4家不同的公司就职过，职业发展轨迹整体是稳步向上的，但出现过中断，并经历过横向发展阶段。她跟随丈夫到了香港，在那里她不得不重新调整自己的职业发展方向。回到内地后，她又花了6个月的时间来整理家庭事务。与中国传统家庭不同，她的父母和公婆并没有在家庭事务上给她提供帮助和支持。由于太忙，她在教育孩子方面出现了一些问题。她坦言，如果不用承担家庭责任，她的事业会发展得更快。同时，她也承认，虽然她是被迫接受的，但她在香港的那段充满挑战的经历给她整个职业生涯带来了积极影响。她给自己的角色定位是，她是一名能够同时兼顾自己的事业和两个孩子的教育的女性。

很明显，在做决定时，该组别女性有时会优先考虑家庭。例如，有位女性在第二个孩子出生后，由全职工作者变为兼职者；一位女性在她的公司搬迁后，为了儿子的生活和教育选择了辞职；一位女性与自己的丈夫原本在同一家公司工作，为了自己丈夫的事业发展，她离开了原来的公司，进入了一家新的公司工作；一位女性则在出国后不久就回了国，在她很清楚这样做不利于她的职业发展的情况下，而她这样做的原因仅仅是她的中国丈夫无法适应法国的生活。该组别中还有一个特殊案例，一名女性在生二胎时被解雇，因为跨国公司担心违反独生子女政策会对公司造成不利影响。还有的女性放弃了之前的工作，在丈夫的赴任地就职，重新追求自己的事业。

虽然因为各种各样的原因职业生涯出现停滞，但这些女性都没有长期失业的经历，而且短暂地离开之前的工作岗位使得她们的经验比其他组别中的女性要丰富得多。她们尝试独立做一些事情，尝试新的体验，包括作为自由职业者从事一些在家远程办公的工作，如提供出口业务线上服务，为想要在中国设立子公司的美国公司提供咨询服务，为一所知名的美国食品公司运营一个内部大学等。我们可以认为，这些女性的职业发展轨迹基本是由内因主导的，因为她们会自主地、有创造性地管理自己的职业生涯，不断地积累自己的专业技能，尽管她们在某些阶段更关注自己在家庭中的角色。毕竟，这些女性并不是完全基于家庭因素改变自己的职业发展轨迹的，她们是在考虑了人际关系、障碍和机会后，做出了整体的选择。该组别与西方女性的职业生涯模式相似。在西方的职业生涯模式中，超过40%的女性由于家庭需要换工作，甚至成为家庭主妇。

灵活跳槽型

该组别包含了9位一直在中国发展事业而未出国门的女性，她们每个人在4~9家不同的公司工作过，只在意晋升，而不打算长期效力于一家公司，只要有新的职业发展机会，她们就会抓住，然后等待下一个更高的职位。因此，她们的职业生涯是无界的，通过不断更改雇主而升职。令人惊讶的是，该组别中有6名女性从事过人力资源工作，只有一名干过采购，两名女性在多个部门有着丰富的工作经验。这些女性已经达到了总经理、副总裁和中国业务总监的级别。只有3名女性曾在上海以外的其他中国城市工作过，因为在职业生涯早期她们并非上海户口，因此，这一群体的地域流动仅限于中国国内，而且大多局限于上海。这些女性职业生涯成功的主要决定因素是人格特质。她们都是高成就导向，非常自信，好奇心强，渴望工作中的挑战和多样性，并且想要尽快学到很多东西。这些人格特质在其他组别的女性身上也有体现，但在灵活的跳槽者身上体现得尤为明显。灵活的跳槽者按照自己的职业目标来做计划和行动，还对持续性的发展感兴趣，并将其纳入她们的决策和计划中。这类女性具有很强的跨文化能力，这种能力来自她们与各国高管合作的经验，也来自她们强烈的好奇心和学习意愿。该组别女性的优势在于拥有外国老板所缺乏的重要的中国本地市场知识（尤其是人力资源领域的知识）。

在五个组别中，灵活跳槽者受劳动力市场状况变化的影响最大。她们经常提到亚洲金融危机后的重组对她们的影响。作为人力资源总监，一些女性不得不实施大规模裁员。相反，在经济繁荣时期，她们负责为新员工开展大规模的培训项目。

我们举一个灵活跳槽型职业生涯模式的例子。

L现在是一家美国时尚产业公司的人力资源总监。在职业生涯刚开始时，仅仅工作3个月后，她就为了一家跨国企业的工作机会，辞去了政府分配给她的第一份教师工作。之后，她专门从事人力资源方面的工作，曾换过6家公司，直到她最终成为某家公司的中国人力资源总监。据她反馈，公司合并和市场下滑是她职业生涯发展中的挑战因素。她的整个职业生涯都在中国上海度过。她的女儿由她58岁的婆婆照顾，而她不需要在家中承担任何家务。L很有主见，从小就有很强的"成为众人眼中的第一"的倾向，喜欢竞争和改变。

该组别中的一些女性还讲述了换公司可能带来的意想不到的负面影响和不安全感。有 4 位女性表示她们在某次跳槽后，职业生涯并没有按照她们希望的方向发展，甚至有些女性很快又换了公司。例如，一位女性跳槽到一家新公司任职后，发现公司的美国分公司和欧洲总部之间存在冲突，双方有着截然不同的管理风格和文化，而她的职位就处在冲突的中心。仅仅一年后，她离开了这家公司，到另一个行业的一家公司担任管理职务。中国的繁荣发展使得市场上出现了大量工作机会，而灵活跳槽者恰巧从中获益。该组别中的女性在规划自己的职业生涯时，会考虑到换公司的潜在风险，或者能够迅速对未曾预料到的情况做出反应，表现出了非常高的灵活性。家庭并不是这一组别女性职业生涯发展的关键因素，但有 3 名女性反馈，她们在职业生涯中做出的一些决定有考虑到她们的家人，而这些决定都让她们的事业得到了进一步发展，并没有对她们的职业生涯产生负面影响。该组别中的所有女性都已婚，其中一名女性在她的第一任丈夫去世后再婚。除了两位女性之外，其他人都有孩子。她们没有经历过工作和家庭间的冲突，都专注于工作，几乎完全将自己从家庭事务中解放出来。例如，一名女性反馈了她的婆婆如何管理家庭，以及监督孩子的成长，这样她就不用承担自己的家庭责任；另一位女性则表示，她在儿子出生后不久就经常出差，儿子晚上由保姆照顾，这样她就可以获得充足的睡眠，有精神来完成她的工作。

依赖他人并获得升迁型

这一类别有 3 位女性，分别在五六家公司工作过。她们没有海外工作经历，职业生涯显示出了在中国国内的流动性。

这 3 名女性都在人力资源部门工作，目前是国家或地区人力资源总监或人力资源副总裁。其中两名女性分别在工作 4 年和 5 年后获得了高级管理职位，而另一位年龄较大的女性在工作14年后才获得了高级管理职位。中国经济体制改革将她的职业生涯划分成两个不同的阶段。她在一个国家分配的教师岗位工作了8年后，离开了这条安稳的职业发展道路（这一决定遭到她父母和朋友的反对），并从南昌搬到了深圳，她在一家旅行公司工作。她职业生涯的第二个阶段是1995年在上海开始的，在一家跨国公司担任总经理助理一职。从那时起，她的计划就是在人力资源部门发展自己的事业。该组别女性的职业生涯是无界的，且有些意想不到的变化。由于这些变化只是偶然发生的，且她们的职业生涯发展也都经过了战略性规划，所以她们的职业发展路径介于循序渐进式和跳跃式之间，而造成这种跳跃的主要原因是辅导。

与其他组别的女性相比，在该组别女性的职业生涯中，辅导的作用尤为重要。与一位或多位导师的关系对她们的职业生涯产生了深远的影响。依赖他人并获得升迁型的典型特点是，女性非常关注导师推荐的职业生涯发展计划。其中一名女性曾三次跟随她的总经理一起跳槽，而另外两名女性则在导师的建议下换了两次公司。这些女性的导师大多是来自海外的总经理，女性与导师相互信任，忠诚度极高。双方都从这种关系中获益：这些女性可以得到事业上的支持；导师们则受益于这些女性的中国本地市场知识，并通过这些女性在公司产生影响力。这些女性的职业生涯模式可以被认为是"导师有界"的，因为她们的职业生涯与某位特定的导师而不是某家特定的公司紧密相关。这些女性认为自己的成功与导师的关系很大。在接受采访时，她们多次指出，在跨国公司的人力资源部门，与总经理保持亲密、信任的关系对于职业发展至关重要。从职业生涯的早期开始，她们通过与总经理密切合作，得以熟悉各种高级管理风格，在此过程中，她们细致的观察能力发挥了重要作用。

当然，将自己的职业生涯与导师密切捆绑，一旦导师遭遇挫折，这些女性就会面临很大的风险，如一名女性跟随她的总经理来到一家新成立的私人公司，这家公司不久就倒闭了。因此，该类别女性的职业生涯发展主要受外因影响。

这些女性认为她们在人力资源方面的工作是令人满意的，她们希望在帮助他人发展的同时，能让自己的事业也取得进步，并被赋予更重要的责任，在自己的领域中获得尽可能好的声誉，无论是在公司内部还是外部。其中一位女性说："我是中国最好的人力资源总监。"

职业生涯类型如何支持女性的职业生涯发展

本书分析的五种职业生涯类型可以说是在跨国公司工作的中国女性最典型的职业生涯模式。

在高级管理职位上获得事业成功的途径不止一种。在这五种类型中，有三种类型的女性数量远多于另外两种，其中，停止和继续这一类型在西方得到了更广泛的体现，也反映了当下的中国社会现状。当今中国的年轻女性普遍面临着这样一个问题：成为高管是否能与教育好子女相协调。

从事管理工作的中国女性可以通过这些类型更清楚地了解自己所处的模式。在理想的情况下，处于职业生涯早期阶段的年轻女性可以就这些类型与导师或教练进行讨论，以确定自己的偏好。经验丰富的高管教练可以通过具体练习来帮助这些女性确定最适合自己的职业发展模式。

中国女性如何获得高级管理职位
——学习与影响

研究结果总结

上海女性职业生涯研究室的女性在公司环境中感到自己与男性是平等的，并反馈了女性相对于男性所拥有的优势。这些女性的反馈与公布的数据相符，这些数据显示，在中国担任高管职务的女性比例很高。许多女性认为，在是否该让中国女性进入公司的最高管理层这个问题上，集团内部存在分歧，但争论点主要在于国籍而非性别。各种研究肯定了中国职场男女平等的进步，但认为现状依然不容乐观，这与研究室女性反馈的实际情况不符，但中国女性的职场环境优于美国和德国的判断是公认的。

儒家将女性置于男性之下的文化传统已经被男女平等文化所取代。根据目前的调查结果，在中国的跨国公司中，女性比男性更有优势。一些儒家传统对女性的管理方式有积极的影响。

从历史上看，对儒家学说的狭隘解释导致在中国的大部分地区，女性处于从属地位。但如今，传统的儒家性别角色观并没有对职场女性的职业发展产生负面影响，而且被认为在很大程度上已经与现在的中国无关。接受采访的女性高管认为，由于中国的男女平权运动，她们现在与男性管理者是平等的，但是可能存在区域差异。许多受访者认为，儒家价值观对她们的个人管理方式有积极影响。

女性管理者，尤其是那些身为人母的管理者，在公司和整个中国社会受人尊敬。在承担管理任务和担任领导角色方面，女性被认为和男性一样出色，甚至比男性更好。

受访女性的经历显示，职业女性在中国社会的形象主要是正面的，她们的家庭和周围的人通常会认同她们事业上的成功。她们在自己的公司里也有很好的形象。一些西方研究人员称企业对女性管理能力缺乏信心，这并没有反映在受访者的回答中。只有少数受访者提到了对中国职业女性形象的批评，但这些批评主要针对她们的母亲角色而非管理者角色。

中国女性高管有足够的能力和灵活性，能够认识到某些特定情况下潜在的成功机会，并在自己的职业生涯中加以利用。她们积极抓住中国改革开放和经济转型带来的跨国公司大量进入中国的机遇，通过选择跨国公司，希望获得与其他文化"亲密接触"的机会、经济水平的提升、更高的工作稳定性和学习外国管理实践及领导力的机会。

中国从社会主义计划经济体制向市场经济体制的转变，使得众多跨国公司进入中国市场，为女性及其管理事业提供了广阔的发展空间，这一点在上海体现得尤为明显。这种转变还意味着，中国女性将有机会不再从事那些有保障但几乎没有自主权的工作，不需要再遵循旧经济体制下的职业规则（大多数受访女性在她们的第一份工作中都经历过这些规则）。受访者利用这一转变迅速摆脱政府分配的工作，成功地适应了跨国公司的新世界。对挑战的追求、对自由的渴望以及对外国文化和管理实践的好奇心，促使她们做出了这一决定。此外，这些女性的特点是愿意承担风险，对改变持积极态度，具有高度的灵活性，能够迅速适应整个经济的巨大变化，抓住变化所带来的机会，并有效应对随后的市场危机、不断变化的需求和公司重组等突发事件。

> 在华跨国公司的中国女性高管除了成为母亲外，还从事管理工作。她们成长为全职工作的母亲。家庭为她们提供了强有力的支持，使她们几乎可以完全专注于自己的事业。

在受访中国女性高管中，母亲所占比例很高（74%），远远高于大多数西方国家。此外，这一群体中单身女性的比例也少于其他西方国家单身女性高管的比例。这表明，研究室的女性在追求高级管理职位的同时，也组建了家庭，而这主要是因为家庭给予女性强大的支持。老一辈承担了照顾孩子和管理家庭事务的主要责任，丈夫也支持他们伴侣的事业抱负。

尽管如此，一些女性，尤其是有两个孩子的女性，认为成为母亲往往会使她们事业发展的脚步放缓。受访女性在这一点上意见不统一，个别女性认为，母亲的身份是不是一种负担取决于个人对传统母亲角色的重视程度。在许多西方国家，女性成为家庭主妇是一种较为普遍的现象，但研究室的女性基本都在双职工家庭长大，她们的母亲就追求自己的事业，是她们的榜样，因而她们继承了这种传统。在中国，女性将事业优先于自己的家庭是可以被社会所广泛理解的。

> 在职业生涯中，这些女性得到了非正式的辅导关系的支持，尤其是与外国决策者的关系，这种关系的特点是互惠互利。

非正式的辅导关系在大多数女性的职业生涯中发挥了作用。她们反馈，她们的导师（通常来自国外）更愿意相信她们，而不是中国男性，因为这些导师认为中国男性更喜欢竞争，或者适应能力较差。与其他研究所定义的传统辅导关系不同，本研究中的辅导关系具有相互依赖的特征。"互惠同盟"很适合用来形容这种关系。这些女性高管需要通过外国导师来提升自己在企业的地位，并进入总部——跨国公司的权力中心，以推动自己的职业发展。外国导师则需要这些女性的中国本地市场知识。

中国女性高管在跨国公司的最大优势是她们的跨文化能力，这使得她们能够"在不同文化之间切换"。这些女性拥有全球化思维模式，是中国的"全球领导者"。

既能适应中国本土文化和管理风格，又能根据需要适应其他文化，受访女性认为，自己的跨文化能力比大多数中国男性和外国高管都强，是她们最重要的资本之一。

在一个全球化程度越来越高的经济体中，管理者必须能够积极利用文化差异来提高效率，以造福自己的企业。塞缪尔·亨廷顿在他备受争议的《文明的冲突》一书中描述了"断层冲突"，这种冲突可能出现在缺乏文化亲和力的任何地方。到目前为止，几乎没有外国经理汉语好到能够进行谈判的程度。受访女性的特殊技能是她们不仅具有出色的外语能力，而且能够以敏感的、适应性强的和有魄力的方式"在不同文化之间切换"，引导团队和上级克服在多文化环境下不可避免的"断层冲突"。

跨国公司的中国女性高管受过良好的教育，拥有很强的专业技能，并具有高成就导向，高度自信，适应力强。

研究室中的女性受教育程度很高，都有大学文凭，而且几乎都有硕士学位。三分之一的女性曾留学海外。该研究小组进一步证实了受教育水平与成功的关系。

这些女性以成就为导向，对竞争持开放和积极态度，愿意承担责任、行使权力，希望能成为领导者和榜样。一部分女性喜欢直面冲突，另一部分则设法避免冲突，避免冲突的态度主要源自中国争取和谐和保全颜面的文化背景。这些女性适应能力强，灵活度高，且愿意改变，无论是改变工作、生活地点，还是改变工作内容。这些女性整体非常自信，据她们称，这种自信是与生俱来的，并受她们成长环境影响。

受访女性的领导风格主要是变革型和民主型，这与其他研究中关于女性领导风格的研究结果一致。然而，四分之一的女性认为自己更专制，这种风格在中国似乎比在西方更受欢迎。受访女性称自己比男性高管更有同情心，对员工的需求更敏感，这再次体现了儒家传统在现代管理实践中的应用。所有女性都重视团队建设，希望建立和维护良好的人际关系并支持他人。

中国女性高管事业心强，既追求主观上的成功，也追求客观上的成功。对她们来说，经济奖励和地位这些客观上的成功是基本方面，主观上的成功意味着在国际环境下的工作具有挑战性、趣味性，能令她们获得成就感。这些女性主动且目标明确地规划自己的职业生涯，并表示自己在不断学习。大多数女性的职业发展轨迹由内因主导。

这些女性在工作上表现出了很强的进取心，渴望成功。判断事业是否成功既有客观标准，如晋升至高级职位，也有主观标准，如成就感和对工作的享受。她们的职业发展轨迹基本由内因主导：以积极主动的方式规划自己的职业生涯，而不是依靠外力。女性们为实现其职业目标而制订的各种战略计划表明了这一点。

大多数女性对目前的工作与生活平衡状态持肯定态度。值得注意的是，她们把超出一般人的工作时长、短时间的高强度工作和频繁的出差视为常态。这些女性如今已经晋升至较高的职位，虽然她们的工作时间依然很长，但比职业生涯开始时要少。

这些女性开始职业生涯时的时代背景大不相同，大多始于中国经济体制改革时期。有些一开始从事国家分配的工作，在经济体制改革深化后跳槽；一些自主选择了自己在中国的第一份工作；还有一些在国外开始了自己的职业生涯。大部分女性都有海外工作经历，而这种经历与她们在跨国企业中的晋升有一定联系。

以是否换过公司为标准，这些女性的职业生涯可以分为无界型和有界型。换公司的主要动机是希望有更多的挑战并获得晋升机会。

上海女性职业生涯研究室的大多数女性都换过公司，职业生涯属于无界型。超过一半的女性拥有不同部门的工作经验，而另一些人则从事某一特定领域的工作，最常见的是人力资源和财务。大约三分之一的受访者有过在咨询、代理等行业工作的经验。

换公司的主要动机是对挑战和职业发展的渴望。孩子的出生是换公司或中断职业生涯的借口，而不是理由。选择公司和职位的标准包括薪酬是否提高、新职位能不能带来挑战，以及公司和管理者是否有良好的形象等。

在职业生涯中，部分女性曾经有过去国外工作的机会，但她们最终因为家庭原因没有做出这样的选择。据这些女性说，她们的工作获得了来自家庭的支持，而这种支持无法转移到国外。相比较而言，在中国国内迁移对这些女性来说要容易得多。

这些中国女性高管认为，中国民营企业是她们未来的选择之一。她们致力于进一步提高职位等级，而中国企业越来越趋向国际化为她们提供了这种可能，因为中国国籍的高管在中国企业比在外企更容易进入最高管理层。

受访女性未来的职业规划基本集中在两个方向：职位晋升和专业发展。只有5名女性表示希望离开企业或者没有具体目标。这再次表明，大部分女性都有明确的职业规划，只是她们未来更倾向于中国民营企业，因为她们更有机会晋升至公司最高管理层。

中国女性高管在跨国公司的职业生涯可以分为五种类型，其中以无界的和内因主导的职业发展轨迹居多。

跨国公司的中国女性高管身上主要体现了五种职业生涯类型：全球无界型、全球有界型、停止和继续型、灵活跳槽型和依赖他人并获得升迁型。其中，全球无界型、停止和继续型、灵活跳槽型居多。这三种职业发展轨迹都是无界的，且由内因主导。

所有类型的职业发展轨迹整体都是向上的，然而，停止和继续这一类型出现了横向发展阶段，这一阶段的出现受家庭因素影响。

自信且有很高的成就导向及强烈的学习欲望在每种类型的女性身上都有体现，但在灵活跳槽者身上体现得尤为明显。这类女性受劳动力市场变化影响较大，面临的职业风险也比较大。

全球有界和全球无界这两个类型的女性都有海外经历，跨文化能力帮她们在企业获得了高级管理职位。全球无界型女性换过几次雇主，但这些更换最终都指向她们在中国发展事业的目标。全球有界型女性对岗位安全性和可靠性的需求更大，因而做出保守选择，只在一家公司工作。

属于依赖他人并获得升迁这一类型的女性很少，辅导在其中发挥了重要作用。这些女性在换公司的时候好几次跟随她们的导师，表现出极高的忠诚度，将个人的职业生涯与导师的职业生涯紧密联系在一起。在五种类型中，只有这种类型的职业发展轨迹是由外因主导的。

本书总结的这种分类方法与其他研究中的女性职业生涯模式分类都不相同。影响中国女性职业发展的因素以及在此基础上形成的职业生涯模式具有鲜明的中国特征。

关于中国女性高管职业生涯的7个结论

前面对跨国公司中中国女性高管的职业发展轨迹和对她们职业生涯产生重要影响的因素进行了全面的描述。上海女性职业生涯研究室的研究结果有助于我们更好地了解中国女性是如何晋升至高级管理层的。从研究结果中可以得出7个主要结论：

1. 中国女性高管认为，她们所处的社会和文化环境在很大程度上对她们的职业发展是有积极影响的，这与许多有关中国的研究给出的观点相悖，也与许多西方国家女性的经历形成了鲜明对比。中国的文化非常多元，只从一个方面探讨文化传统对女性的影响，可能只反映了该国的部分现实。例如，摩梭文化是世界上罕见的现存的母系文化之一，摩梭族女性在家庭中地位高，管理家庭的财富，并自主决定与哪个男人生育后代。这种文化与儒家文化一样，也是中国文化的一部分，所以现有许多研究认定中国女性受传统文化压迫的观点是不可取的。

2. 在一个强烈鼓励性别平等的社会中，家庭中全职工作的女性长辈形象影响了女性的人生选择。这些女性认为，家庭主妇不是她们的榜样。"我不想成为寄生虫""成为男人的附属品不是我的选择"之类的表达表明，独立自主、有自己的事业是这些女性坚持的原则。

3. 社会也影响了中国女性对母亲角色的理解。抚养孩子被视为大家庭的责任，而不是女性一个人的任务。 笔者作为高管培训师，与许多来自不同国家的女性一起工作过，中国女性对母亲角色这个问题的看法与世界其他地区的女性有很大的不同。以德国、美国和日本女性为例，她们在每次高管培训会上都会提出难以协调母亲和职场女性这两个角色，而中国女性却认为这不是问题。

4. 中国女性积极主动地寻找非正式的外国导师支持她们，建立互利互惠联盟。 在谢丽尔·桑德伯格的《向前一步》中，她阐述了成为导师给高级管理人员带来的优势，主要包括获得来自基层的有用信息和自豪感。女性则从导师那里得到人脉、知识，甚至是升迁方面的帮助。信任和忠诚是这个联盟的核心。

5. 中国女性高管身上体现出的人格特质，是在跨国公司谋求职业发展和获得高级职位所必需的。 总结起来，这些特质主要是，有强烈的进取心，积极面对竞争，乐于承担责任、行使权力，非常自信，能够灵活应对各种变化，寻求变革，愿意接受挑战。

6. 这些女性是具有全球化思维模式和杰出跨文化能力的"全球领导者"。 分析表明，中国女性具备成为"全球领导者"所需的见识、性格、视野和好奇心。"全球领导者"是能够"在不同文化之间切换"的人，不一定是拥有全球地位的领导人。刘易斯认为，所谓的"五大经济体"——美国、日本、德国、英国和法国——在处理跨文化问题上尤其迟钝。本研究中的中国女性以她们的文化敏感性和开放性，以及她们优秀的语言能力和丰富的市场知识，为跨国公司提供了在中国成功运作所迫切需要的支持。她们"尝试所有必要的方式"，更深入地进入自己的文化和西方文化。根据这些女性的说法，她们的男同事在这方面没那么有天赋，也没有那么大的兴趣。这种天赋的根源在于她们对外国文化的真正喜爱。

**7. 职业生涯模式分类研究表明，中国女性的职业生涯模式虽然不是单一的，但主要表现为无界性和上升性。与其他研究不同，本书中总结的中国女性职业生涯模式既描述了职业发展路径本身，又涵盖了对决定性因素的分析。五种类型的特点前面已多次提及，此处不再赘述。

以上为该项研究的主要结论。上海女性职业生涯研究室鼓励全世界计划从事管理工作的女性、支持女性发展的公司决策者，以及支持更多女性进入高级管理层的社会人士共同讨论这些研究结果。

给有志于进入高级管理层的女性的9点建议

对于想要进入高级管理层的女性来说，同时考虑影响职业生涯的内部和外部因素是非常重要的。上海女性职业生涯研究室的研究结果有助于女性据此批判性地重新思考自己的职业生涯规划，并做出相应决策。笔者总结了以下建议，除了用于个人，也可用于职业生涯和领导力培训等课程。

1. 明确自己的职业方向。中国年轻一代的女性如果想从事管理工作，可以参考中国的管理模式，并首先明确自己的职业方向。要思考的主要问题是：你生活中真正想要的是什么？你的职业生涯对你有多重要？成为一名高级管理人员对你来说有多重要？一旦这些问题有了明确的答案，职业定位就会变得更加清晰，据此制定的职业发展策略也就能更好地体现个人意愿。

2. 规划家庭生活。在现代中国，年轻的女性在成长过程中就伴随着关于女性是否要更多关心孩子教育问题的讨论，她们迟早也要面对几十年前西方女性就开始面对的内心矛盾。因而，女性需要在职业生涯的早期就明确自己想要追求哪种家庭模式，这是职业规划成功的先决条件，也是对女性进行管理培训的固定组成部分。

3. 定义母亲角色。上海女性职业生涯研究室的研究表明，想要在追求高级管理职位的同时生几个孩子的女性，需要非常擅长规划育儿工作，而如何定义母亲这一角色就显得尤为重要。强烈的事业心和进取心是高级管理人员获得事业成功的必要条件，影响了女性在家庭中发挥作用的方式。女性必须决定自己是否想主要负责孩子的教育，还是可以将这一任务安排给他人。这个选择没有对错之分。没有证据证明由母亲辅导家庭作业的孩子在学校表现更好，而合格的家庭教师确实可以提供一些帮助。全职工作的母亲是孩子的好榜样，但是，也没有理由反对女性按照自己的意愿成为家庭主妇。如何安排自己的角色，完全由女性个人决定。

4. **找到合适的伴侣**。受访中国女性高管的例子表明，伴侣的情感支持有助于女性的职业生涯发展。研究小组中许多女性高管的伴侣都没有很强的事业心，能够多关注家庭，而与以事业为重的男性结合，可能给追求高管职位的女性带来更多挑战。女性在选择伴侣时，应该综合多方面因素考虑，确保自己的事业发展可以获得伴侣的支持。

5. **花钱请外援**。无论家庭情况如何，只要女性有了孩子，就需要帮助和支持。如果家庭成员提供不了帮助，那么花钱请外援就变得至关重要。专业的家政人员和家庭教师可以帮助女性从做家务和照顾孩子等家庭事务中解脱出来，更好地投入工作。当然，这也涉及个人观念问题，女性需要在工作和陪伴孩子之间做出权衡。

6. **对自己进行投资**。上海女性职业生涯研究室中的受访女性根据儒家终身学习的原则不断发展自己。她们一开始就在顶尖大学受过良好的教育，许多人拥有双学位并掌握多种语言。但是她们并没有停止学习，而是投入时间和资源不断获取新知识、资质，并加入为她们提供新见解的团队。她们还自愿支持他人学习。因此，投资于持续学习是进入高级管理层的必备条件，女性需要通过各种各样的学习提升管理能力。职业生涯早期就从榜样身上学习也是一个重要方面。

7. **寻找一位或更多的导师**。合适的导师和事业支持者对女性晋升到高级管理层非常有帮助。有志于进入高级管理层的女性应该积极思考谁可以成为自己的良师益友，并思考如何建立辅导关系。上海女性职业生涯研究室的研究表明,与合适的导师建立"互惠同盟",可能是使关系牢固的好方法。为了做到这一点,女性必须主动出击,了解自己的长处和独特性,寻找合适的人,当然,这可能也需要一些运气。

8. 制定职业生涯发展战略。女性可以根据本书提供的职业生涯发展战略要点,制定适合自己的职业生涯发展战略。战略的制定应该在职业生涯早期进行,并随时根据实际情况调整。女性可据此反省自己需要改进哪些方面,需要采取哪些行动,并寻求高管培训师的帮助。

中国女性职业生涯发展战略要点

```
√ 长期的职业生涯规划
√ 事业心、进取心
√ 提高管理能力和终身学习
√ 职业生涯的国际化和/或在中国国内的流动性
√ 利用自己的优势和潜力
√ 有策略地选择行业、公司、领域
√ 考虑到挑战和挫折
√ 寻找曝光机会和盟友
```

9. 培养必要的能力和人格特质。最后但非常重要的是,磨炼自己。研究分析了哪些能力和人格特质对女性的职业生涯有帮助。女性可以据此找出自己的优点和缺点,致力于扩大优势,改变弱势,提升自己,塑造性格。这些必要的能力和人格特质也可以通过高管培训获得。

必要的能力和人格特质

(女性高管培训师清单)

```
✓ 强烈的事业心、进取心
✓ 积极的竞争态度
✓ 领导别人的意愿
✓ 接受变革
✓ 适应能力与接受能力
✓ 团队精神和支持他人
✓ 跨文化能力
✓ 自信
✓ 终身学习
✓ 合适的领导风格
✓ 强大的人际网络
```

使更多女性参与高级管理工作的人力资源战略

在中国的外企和雄心勃勃的中国本土企业都面临人才短缺的问题。吸引、培养和留住合格的女性高管，可能是解决这个日益严重的问题的一个有效方法。帮助员工发展事业对于企业来说具有重要的战略意义，可以确保那些掌握了对公司发展至关重要的技能的员工保持工作积极性。受访的中国女性目前总体上仍倾向于选择外企作为雇主，但也有一些受访女性将走向全球的中国民营企业作为自己未来的选择之一。这样的民营企业越来越多，对优秀高管的争夺也就日益激烈，在此基础上，根据研究结果，我们向希望留住和提拔女性高管的企业的人力资源部门给出以下具体建议。

首先是提供更多的支持，帮助中国女性进入最高管理层。外企往往有"玻璃天花板"，限制了中国女性的发展，这也是许多女性考虑加入中国民营企业的原因。为了留住人才，外企理应在这方面有所改善。

其次是帮助中国女性获得海外经验。未在国外工作过的受访女性的主要愿望之一就是拥有海外工作经验，因为这有助于她们的事业发展。然而，由于家庭的牵绊和回国后的不确定性，这个愿望一直未能实现。鉴于这种情况，企业可以建立相关机制，免去女性出国工作的后顾之忧，如协助其规划回国后的职业发展、承诺职位等。对于灵活跳槽型和依赖他人并获得升迁型的女性，企业可以限制其在国外逗留的时间。

第三是为中国女性提供激动人心的愿景和新的开端，这点主要适用于中国民营企业。如果女性选择了这样的企业，优势可能是双重的：一方面，女性将获得实现梦想的机会，这会让女性感到充满动力；另一方面，企业在这些具有跨国公司背景的女性的参与下，会更好地打入国际市场，实现公司的愿景。

第四是将女性高管培训师作为企业发展战略的一个组成部分。人力资源部门为女性高管安排高管培训师，量身定制培训课程，可以帮她们找准职业定位，提升相关技能，解答与工作和生活挑战有关的问题，使她们更容易获得事业成功。

最后是企业之间就鼓励和支持女性进行相关战略沟通，共同商讨具体的对女性的支持措施和项目。这是一种激励手段，会使这些企业有别于其他企业，能够更好地留住女性人才。要实现这一目标，企业就应该将女性晋升项目作为固定的公司文化的一部分，并进行大范围推广。这些项目不仅需要公司决策者发起，还需要他们在每天的工作中践行和支持。

职业女性（及其子女）的支持环境

之前已经提到，中国为职业女性提供了良好的支持环境，她们在这种环境下感受到平等、被接受和尊重，更容易获得事业上的成功。这种支持既包括社会普遍的价值观，如男女平等、女性可以追求事业等，也包括来自家庭的支持，如长辈承担起照顾孩子的责任等。然而，中国目前也有一些争论，认为由老一辈抚养孩子会带来一些不良影响。因此，中国目前支持女性发展自己事业的环境能在多长时间保持稳定，尚存疑问。支持女性投入工作的正确方法可能因国家而异，但有一点是明确的，即如果没有合适的高质量的育儿服务（这种服务可能来自家庭、政府或民营机构），那女性参与工作将受到极大影响。上海女性职业生涯研究室的例子也表明，这些女性之所以能够专注于自己的事业，是因为她们相当一部分育儿负担得到减轻。另一方面，女性能够与男性平等地追求事业，是女性工作的根本基础。如果中国能够继续保持男女平等的外部条件，同时让女性不用为育儿问题烦恼，中国女性的职业生涯必将朝着更好的方向发展。

结论
——中国女性高管是全世界的榜样

上海女性职业生涯研究室的女性并不认为自己是"反射阳光的月亮"——也就是说,她们并不像许多研究所说的那样主要是在为男性服务。更确切地说,"妇女能顶半边天"这句话清楚地反映了接受采访的中国女性的观点和她们的职业经历。在高级管理方面,她们也持"男性能做的,女性也能做"的态度,而且往往"女性能比男性做得更好"。中国当前的讨论主要是围绕母亲是否应更积极地参与子女的养育、老一辈抚养孩子是否存在弊端等展开的,未来的研究将需要评估,全球化程度的提高和由此带来的西方影响力的增强,以及经济状况的进一步变化,如中国民营企业的全球化,将在多大程度上影响中国女性在高级管理工作中的角色。

上海女性职业生涯研究室的中国女性高管是否能够成为全世界的榜样?答案是肯定的。通过分析,我们可以发现,外部环境对这些女性的职业生涯产生了多方面的积极影响。这些外部决定性因素是国家特有的,是文化塑造的,能否以及如何将它们转移到其他国家,为讨论提供了新的视角。上海女性职业生涯研究室最主要的研究成果是关于女性个人特质的研究。最重要的是,这些特质——例如她们强烈的进取心、高度的适应性和优秀的跨文化能力——使她们成为榜样。不断学习,培养管理技能,磨砺相关人格特质……来自中国女性高管的这些建议，为世界各地的女性提供了追随她们进入公司高层的途径。

这35名女性花费时间参与本次研究，表明了她们对这项研究项目的支持，她们可能成为全世界女性的先驱，也可能成为特定条件下特定时期内的特殊现象。关于中国女性强烈的事业心对中国社会整体意义的争论已经开始，未来将告诉我们，中国年轻一代女性是决定效仿本书的这些榜样追求自己的事业，还是受西方影响改变工作、生活模式。

每位女性都必须在工作与生活平衡的问题上做出自己的决定，明确自己准备在进入最高管理层这一目标上投入多少精力。企业可能会做出改变，为全球女性的职业生涯发展提供更好的环境，也可能会保持现状。最终，还是得由女性自己来决定职业生涯对她们自身有多重要。而一旦明确了以事业为重，中国的年轻女性在良好外部环境的支持下，与其他国家的女性相比，可以晋升到更高的高级管理职位上。对于上海女性职业生涯研究室的女性来说，要想在职业阶梯上有所攀升，就意味着要不断地研究在管理上取得成功所需要的能力和特质。

上海女性职业生涯研究室中的中国女性团结一致，正是这本书的研究得以呈现的首要原因。不可否认，这一点首先就具有"全球榜样"的特质，因为它建立在帮助和支持其他女性实现目标的理念之上。

图书在版编目(CIP)数据

中国女性崛起：职业女性的高管之路 / (德) 蓓飒笛著；罗慧玲译. -- 青岛：青岛出版社，2019.8

ISBN 978-7-5552-8369-0

Ⅰ.①中… Ⅱ.①蓓…②罗… Ⅲ.①女性－企业领导学 Ⅳ.①F272.91

中国版本图书馆CIP数据核字(2019)第122757号

Copyright © 2018 by Dr. Bettina Al-Sadik-Lowinski
First published by Cuvillier Verlag

山东省版权局著作权合同登记 图字：15-2019-129号

书　　名	中国女性崛起——职业女性的高管之路
著　　者	〔德〕蓓飒笛
译　　者	罗慧玲
出版发行	青岛出版社（青岛市海尔路182号，266061）
本社网址	http://www.qdpub.com
邮购电话	13335059110　0532-68068026
责任编辑	刘　冰
封面设计	末末美书
内文设计	戌戌同文
印　　刷	青岛乐喜力科技发展有限公司
出版日期	2019年8月第1版　2019年8月第1次印刷
开　　本	16开
印　　张	14
字　　数	280千
书　　号	ISBN 978-7-5552-8369-0
定　　价	58.00元

编校印装质量、盗版监督服务电话　4006532017　0532-68068638